MARKETING
OLFATIVO

Dados Internacionais de Catalogação na Publicação (CIP)
(Jeane Passos de Souza — CRB 8ª/6189)

Farkas, Fátima Leão
    Marketing olfativo : guia para aromatização de ambientes / Fátima
Leão Farkas; ilustrações de Graziela Mattar. – São Paulo : Editora
Senac São Paulo; Rio de Janeiro : Senac Nacional, 2013.

    Bibliografia.
    Glossário.
    ISBN 978-85-396-0427-2

    1. Marketing olfativo 2. Aromatização de ambientes : Marketing
    I. Título

13-160s   CDD-658.8

Índice para catálogo sistemático:
    1. Marketing olfativo   658.8

FÁTIMA LEÃO FARKAS

MARKETING OLFATIVO

guia para aromatização DE AMBIENTES

Editora Senac São Paulo – São Paulo – 2013

ADMINISTRAÇÃO REGIONAL DO SENAC NO ESTADO DE SÃO PAULO

Presidente do Conselho Regional: Abram Szajman
Diretor do Departamento Regional: Luiz Francisco de A. Salgado
Superintendente Universitário e de Desenvolvimento: Luiz Carlos Dourado

EDITORA SENAC SÃO PAULO

Conselho Editorial: Luiz Francisco de A. Salgado
Luiz Carlos Dourado
Darcio Sayad Maia
Lucila Mara Sbrana Sciotti
Luís Américo Tousi Botelho

Gerente/Publisher: Luís Américo Tousi Botelho
Coordenação Editorial/Prospecção: Dolores Crisci Manzano e Ricardo Diana
Administrativo: grupoedsadministrativo@sp.senac.br
Comercial: comercial@editorasenacsp.com.br

Edição de Texto: Vanessa Rodrigues
Preparação de Texto: Augusto Iriarte (Revisionário)
Colaboração: Cícero Alberto de Andrade Oliveira
Revisão de Texto: Luciana Lima (coord.), Globaltec Editora Ltda.
Projeto Gráfico, Capa e Editoração Eletrônica: Fabiana Fernandes
Ilustrações: Graziella Mattar
Impressão e Acabamento: Gráfica CS

Todos os direitos desta edição reservados à
Editora Senac São Paulo
Rua 24 de Maio, 208 – 3º andar – Centro – CEP 01041-000
Caixa Postal 1120 – CEP 01032-970 – São Paulo – SP
Tel. (11) 2187-4450 – Fax (11) 2187-4486
E-mail: editora@sp.senac.br
Home page: http://www.livrariasenac.com.br

© Editora Senac São Paulo, 2013

Sumário

- **7** NOTA DO EDITOR
- **11** AGRADECIMENTOS
- **13** INTRODUÇÃO – REAPRENDENDO A SENTIR

- **17** PARTE I – OS AROMAS E SUAS APLICAÇÕES
- **19** Quem é quem no mundo dos aromas
- **31** Um pouco de história
- **43** O caminho do aroma no corpo e na alma
- **53** Aromatização de ambientes domésticos
- **67** Aromatização de ambientes profissionais
- **77** O marketing olfativo

- **95** PARTE II – AS MATÉRIAS-PRIMAS
- **97** LAVANDA: a rainha de todos os aromas
- **102** BERGAMOTA: um raio de sol em sua vida
- **107** CEDRO: pés no chão
- **113** GERÂNIO: o melhor amigo da mulher
- **117** SÂNDALO: salve o rei!
- **123** ÁRVORE-DO-CHÁ: hora da limpeza
- **129** ALECRIM: o orvalho do mar
- **133** YLANG-YLANG: Jovialidade, atração, sedução e fertilidade
- **139** ROSA: majestade e elegância
- **145** PATCHOULI: a força que muda o mundo
- **149** CAMOMILA: o colo da mãe
- **155** CRAVO: sensualidade na pitada certa
- **159** CANELA: a doce malícia
- **165** LARANJA: o caminho do meio

- **169** POSFÁCIO
- **171** APÊNDICE – PEQUENO GLOSSÁRIO AROMÁTICO
- **173** BIBLIOGRAFIA
- **175** ÍNDICE

Nota do editor

Os tempos e movimentos de um perfume no ar obedecem a uma organização piramidal: no topo estão as chamadas notas altas, de volatização mais rápida – não duram mais do que duas horas. Em seguida vêm as notas médias, que passam a ser percebidas quando as altas começam a desaparecer, perdurando por cerca de quatro a oito horas. Por fim, surgem as notas de fundo, da base da pirâmide, com volatilização mais lenta – às vezes, superior a um dia.

Essa sinfonia de notas aromáticas diz respeito aos produtos desenvolvidos para o corpo. Mas, quando estamos falando de conferir a algo – um produto ou um espaço – um cheiro específico, com um objetivo também específico, entra em cena a aromatização, que possui técnicas próprias e um público cada vez mais interessado em seus benefícios. É preciso levar em conta que a sensação provocada por um odor resulta da combinação de aroma(s) adequado(s) com a forma de aplicação adequada, e que o manejo sábio desses dois fatores exige que outros três sejam considerados: as propriedades das matérias-primas, as características físicas do produto/espaço a ser perfumado e a sensação que se pretende proporcionar.

Toda essa complexidade é traduzida em leitura acessível e informativa nesta obra que o Senac São Paulo traz para o público interessado em conhecer a atuação de óleos e essências na transformação de ambientes domésticos e no marketing de empresas, desvendando o caminho cliente → aroma → sensação positiva → emoção positiva → identificação da personalidade de uma marca → lembrança. Uma obra destinada não só a profissionais como também ao leitor que busca melhorar a qualidade dos espaços em que vive e trabalha.

Para João, Thomas, Barbara e Michael.

Agradecimentos

Ao professor Cícero Oliveira, pelo comprometimento e incentivo; à equipe da Camaleão Marketing Olfativo; à Jeane Passos Santana, Márcia Cavalheiro e Vanessa Rodrigues, da Editora Senac São Paulo; à Rita Lobo; a Clarissa Schneider, Celina Kochen, Helena Montanarini, Thierry Guillot, Renata Feffer, Ruy Hirschheimer, Esther Giobbi e Eliana Penna Moreira pelos depoimentos.

E ao Mestre Paramahansa Yogananda, que me ensina os caminhos percorridos pelo perfume da alma.

INTRODUÇÃO
Reaprendendo a sentir

Desde os primórdios da civilização, o homem possui uma relação íntima com os aromas que o rodeiam: entre plantas, madeiras, pedras, peles de animais e fluidos corporais, a história da humanidade tem início. Quando o ser humano percebe os sinais de alerta que esses odores emanam (proximidade de animais, água contaminada, alimentos estragados) e passa a associá-los a sensações de conforto ou de desconforto, surge o que poderíamos chamar de "dicionário aromático do homem pré-civilizado". Os aromas desempenhavam um papel crucial na sobrevivência do ser humano, que vivia em harmonia com eles. No entanto, não é o que parece acontecer hoje.

Se eu lhe perguntasse quais foram as primeiras imagens que viu hoje pela manhã, você provavelmente conseguiria me responder, ainda que com alguma dificuldade. Agora, se eu lhe questionasse sobre os odores que sentiu ao se levantar, você seria capaz de me dizer? Posso estar enganada, mas imagino que a resposta seja negativa. Você não é o único; a maioria das pessoas não se dá conta de que somos constantemente envoltos por fragrâncias. Os odores estão tão presentes no nosso cotidiano que os esquecemos, quase não prestamos atenção neles.

Pessoas, lugares, acontecimentos importantes, ocasiões especiais, objetos: a nossa memória associa odores particulares a tudo. Você seguramente já teve a experiência de sentir determinado perfume e, de repente, ver-se transportado para outro lugar, para um instante longínquo, ao encontro de pessoas que, por algum motivo, não estão mais ao seu lado. O cheiro da grama molhada depois da chuva, do pão quentinho saindo do forno, do café sendo coado, do perfume de lavanda dos quartos, das fronhas e dos lençóis da casa em que eu passava as férias na infância me acompanhará para sempre. Os odores têm essa propriedade: eles marcam a nossa memória e, uma vez acionados, desencadeiam uma série de sensações e recordações.

Mais recentemente, passamos a associar aromas também à sedução e aos sonhos e a utilizá-los para nos comunicar e para comunicar o nosso estilo pessoal. E isso também vale para produtos e marcas. Assim, algumas empresas passaram a tentar desenvolver produtos com fragrâncias que desencadeassem nos seus clientes boas lembranças e sensação de bem-estar. Partindo da premissa de que estar cercado por bons aromas é investir na melhoria da qualidade de vida, elas procuraram criar perfumes que não somente as representassem, mas que também proporcionassem aos usuários um instante agradável e inspirador.

Várias pesquisas científicas atestam que as pessoas permanecem por mais tempo em um ambiente profissional aromatizado, tendendo, inclusive, a retornar a ele. Elas ficam mais expansivas e confortáveis e, consequentemente, mais abertas (a comprar, inclusive).

A partir disso, veio-me a ideia de escrever este livro. Trabalhando com óleos essenciais e aromatização de ambientes há quase vinte anos, percebi o quanto o interesse pela aromatização vem crescendo no Brasil e no mundo. Por isso, resolvi contar um pouco do meu percurso e partilhar a minha experiência. Do desejo de sucesso da marca de uma empresa ao aumento do fluxo de pessoas em uma loja, os aromas têm um papel cada vez mais importante na percepção de uma marca, na construção de sua identidade e na fidelização dos seus clientes.

Sentir, em francês, é um verbo que poderia ser traduzido para o português ora como "cheirar" (*Ça sent mal*, ou "Isso cheira mal"), ora como "sentir" (*Je sens ta présence*, ou "Sinto a sua presença"). Sentir a vida, dessa forma, é mais do que inalar odores: é viver com eles, através deles, integrá-los à própria vida. Não sentir a vida é não apenas ser insensível ao que ela nos dá, mas também deixar de perceber a pluralidade de fragrâncias com que ela nos presenteia. Faz-se urgente *reaprender a sentir*. Eis o meu convite. A minha intenção é oferecer a você uma ferramenta que traga mais harmonia, prosperidade e sucesso ao seu ambiente de trabalho, mas também, e principalmente, uma melhoria na sua qualidade de vida.

Um odor é a emanação de uma vibração sensível. As moléculas dançam no ar e, ainda que não possamos vê-las, podemos senti-las. Toda dança tem um ritmo, uma cadência, uma frequência. É o corpo em movimento, em harmonia com uma melodia. Para trabalhar com os perfumes ambientais, é necessário aprender a dançar com eles, isto é, harmonizar o nosso corpo com os ritmos e as melodias que eles exalam.

Você me concede essa dança?

PARTE I
OS AROMAS
E SUAS APLICAÇÕES

Esta primeira parte conta um pouco da relação do homem com os odores, perfumes e aromas e apresenta fórmulas para você dar os primeiros passos rumo à aromatização de ambientes.

A variedade de aromas é imensa e, quando vamos conferir uma identidade a um ambiente, geralmente reunimos uma ou mais fragrâncias – é a chamada sinergia. Do grego *sunergía* (isto é, "cooperação", "ajuda", "assistência"), essa palavra se refere à combinação de dois ou mais óleos essenciais tendo em vista a amplificação do odor e a obtenção do melhor resultado aromático.

Mas uma sinergia que produza um odor agradável pode desencadear efeitos indesejáveis do ponto de vista terapêutico. Assim, é fundamental que você saiba que alguns aromas combinados podem se mostrar tóxicos. Antes de fazer sua própria combinação, consulte um especialista sobre a viabilidade dessa mistura.

QUEM É QUEM NO
mundo dos aromas

Ao entrarmos em contato com o mundo dos aromas, não raro nos deparamos com uma miríade de palavras e conceitos que vão e voltam, ora se confundindo, ora se distinguindo. Perguntas como "o que é um perfume?" ou "o que é uma essência?" são comuns, e entender as diferenças entre um e outro é fundamental para o sucesso de um projeto de aromatização de interiores.

O que é fragrância?

Podemos dizer que a fragrância de um perfume de uso pessoal é um dos elementos que o compõem, junto com o frasco, o nome, a embalagem e a marca. Quando falamos de aromatização ambiental, geralmente usamos a palavra fragrância em vez de perfume, ainda que ambas as palavras possuam significados semelhantes e um tom mais refinado do que cheiro ou aroma. Fragrância vem do latim *fragrantia*, que designa "olor", "perfume", "aroma", "cheiro", "odor".

O que é aroma?

Podemos chamar de aroma a sensação desencadeada no nosso sistema olfativo na presença de um complexo de substâncias odoríferas que, ao serem percebidas pelo nosso organismo, desencadeiam sensações – prazer e desagrado, entre outras. Essa identificação determina, inclusive, a apropriação que futuramente será feita da substância: se ela será ingerida (se é comestível) ou não, se está estragada ou oferece algum tipo de risco à integridade física – a percepção dos aromas é algo tão vital que pode nos indicar perigo, como o cheiro de queimado ou o de gás, por exemplo. Um aroma pode ser classificado como ácido, rançoso, pútrido, adocicado, cárneo, queimado, picante ou macio.

É possível identificar atualmente cerca de dez mil espécies químicas diferentes que, para serem sentidas, deverão possuir certas características, como alguma solubilidade em água, um determinado ponto de pressão de vapor e massa molar não muito elevada.

Em geral, a palavra aroma se aplica mais ao universo dos comestíveis (a usamos mais comumente na culinária), mas também é utilizada com frequência no mundo do marketing olfativo.

Normalmente, os aromas dividem-se em duas categorias: os naturais, que encontramos diretamente na natureza, e os artificiais, isto é, produzidos em laboratórios e cujas estruturas moleculares foram descritas por cientistas e utilizadas em seguida para aprimorar o sabor ou o odor dos mais diversos produtos. Entre os aromas artificiais, há ainda:

* **Aromas de transformação:** obtidos por uma reação química – conhecida como reação de Maillard –, com a intenção de reproduzir industrialmente os efeitos e os sabores gerados pelo cozimento. São largamente utilizados em sopas, produtos de carne como hambúrgueres e empanados, molhos, biscoitos e salgadinhos, entre outros.
* **Aromas de fumaça:** obtidos pela combustão de madeiras (como o cedro), essenciais para dar o gostinho de churrasco em batatas, molhos e salsichas.

O que é perfume?

A palavra perfume é usada mais comumente para fragrâncias de uso pessoal. A diluição da sua fórmula aromática em álcool é, em geral, muito menor, portanto mais forte do que a de um aroma ambiental. Neste último, as fórmulas são normalmente mais leves e mais diluídas.

Entretanto, como os franceses, podemos usar a expressão perfume ambiental para definir os aromas a serem aspergidos nos espaços da casa ou do comércio.

Um perfume é como uma sinfonia: assim como esta é uma combinação de notas organizadas que formam uma melodia, um perfume é uma mistura harmoniosa de substâncias aromáticas de origem animal, vegetal ou, ainda, artificial. Geralmente, um perfume contém de 20% a 40% de compostos aromáticos dissolvidos em álcool.

Hoje em dia, o perfume pessoal se associa fortemente à sensualidade e à sedução, e sua embalagem externa, seu frasco e sua publicidade contam muito na hora da compra.

O perfume ambiental, quando para uso comercial, somente será notado pela sua fragrância no ar, não importando tanto a embalagem, o frasco ou a sua apresentação na mídia.

O que são odorizantes?

Os odorizantes são utilizados para aromatizar alimentos (dando a eles cheiro e sabor) e também são empregados na cosmética, na perfumaria, em ambientes e em produtos de higiene. Geralmente, possuem odor agradável e são facilmente percebidos por animais e pelos seres humanos. A sua composição inclui essências sintéticas ou óleos essenciais (que são naturais), ou uma mistura entre eles. Os odorizantes podem ser de origem vegetal (laranja, pimenta, morango, ervas, etc.), animal (peixes e carnes) ou sintetizados em laboratório.

Em linhas gerais, podemos dizer que eles se dividem em aromas naturais, artificiais e sintéticos. Os odorizantes sintéticos são os mais usados por conta do seu baixo custo. A batatinha frita, o sorvete ou o produto de higiene que compramos são aromatizados sinteticamente para ampliar o prazer provocado pelo odor, aguçar o paladar ou conferir uma sensação de limpeza.

Quem não se lembra do cheirinho de bebê, aquele que se desprende da fralda descartável nova ou do talco? O odor desses produtos provém de aromas sintéticos e querem dizer "veja como o seu bebê pode ficar ainda mais fofinho". Assim, eles deflagram o consumo de maneira sutil e agradável.

Há uma tênue diferença entre um perfume ambiental e um odorizante ambiental, conforme podemos notar a seguir.

* **Perfume ambiental:** trata-se de um aromatizante de ambiente com diluição entre 5% e 12%, dependendo da potência da essência utilizada. Na Europa e nos Estados Unidos, essa denominação designa perfumes mais sofisticados e menos populares; no Brasil também se usa a expressão água perfumada, em referência aos perfumes para ambiente.
* **Odorizante ambiental:** denominação dada a produtos aromatizantes mais populares, baratos, com uma diluição de essências (naturais ou não) menor (comumente abaixo de 5%). Por isso, o seu efeito é mais breve, isto é, eles duram menos no ambiente.

O que são óleos essenciais?

Os óleos essenciais – que, apesar do nome, geralmente não possuem oleosidade – são substâncias naturais voláteis e quimicamente complexas, como aldeídos, fenóis, hidrocarbonetos, ésteres, etc. Normalmente, são extraídos de flores, caules, folhas, cascas de árvores, sementes e raízes e sempre possuem uma ou duas substâncias químicas preponderantes que caracterizam o seu aroma e a sua função terapêutica.

Esses compostos químicos, que ficam armazenados em pequenas bolsas (tricomas), formam o sistema imunológico da planta e possibilitam sua reprodução ao atraírem pássaros, abelhas e outros polinizadores com o seu perfume.

Presume-se que a função terapêutica dos óleos essenciais provenha da amplitude sinergética proporcionada pelas suas complexas cadeias químicas. Dentre as funções terapêuticas conhecidas, estão a antisséptica, a antiviral, a balsâmica – para alívio da congestão nasal e da gripe –, a antiespasmódica, a expectorante, a depurativa, a de estimulante linfático, a hipotensiva, a bactericida, a afrodisíaca e a calmante. Por exemplo:

* **Contra a ansiedade:** óleos essenciais de frankincense (olíbano), limão verbena e jasmim.

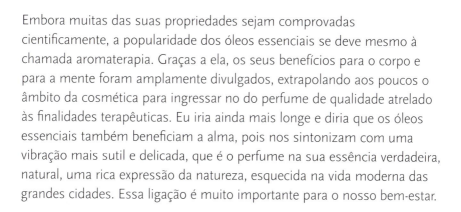

* **Contra a depressão:** bergamota, néroli (flor de laranjeira), sândalo Mysore.
* **Contra a tensão nervosa:** angélica, basilicão, gerânio, mandarina, camomila.
* **Contra a exaustão e a fadiga:** cardamomo, canela, citronela, menta, patchouli, vetiver.

Embora muitas das suas propriedades sejam comprovadas cientificamente, a popularidade dos óleos essenciais se deve mesmo à chamada aromaterapia. Graças a ela, os seus benefícios para o corpo e para a mente foram amplamente divulgados, extrapolando aos poucos o âmbito da cosmética para ingressar no do perfume de qualidade atrelado às finalidades terapêuticas. Eu iria ainda mais longe e diria que os óleos essenciais também beneficiam a alma, pois nos sintonizam com uma vibração mais sutil e delicada, que é o perfume na sua essência verdadeira, natural, uma rica expressão da natureza, esquecida na vida moderna das grandes cidades. Essa ligação é muito importante para o nosso bem-estar.

Os óleos são aplicados por meio de massagens, cremes, compressas, bandagens, inalações, banhos, escalda-pés, fricções e vaporizações. Também costumam ser utilizados como coadjuvantes no shiatsu e na reflexologia.

Alguns cuidados precisam ser tomados: devem-se evitar a área dos olhos e o rosto, no caso dos cremes. Além disso, alguns óleos são fotossensibilizantes, entre eles os cítricos, por exemplo, e não podem ser usados antes de exposição ao sol ou à luz intensa. Há, ainda, óleos essenciais que não são indicados durante a gravidez: manjericão, erva-doce, menta, zimbro, alecrim, orégano, louro, cedro, nardo, valeriana, anis, tomilho, cravo, pimenta-preta, sálvia esclareia, noz-moscada e tomilho. E nenhum deles deve ser ingerido.

Antes de usar um óleo essencial, é necessário fazer o teste com o produto, a fim de verificar se ocorre algum tipo de reação alérgica. Deve-se colocar uma gota em uma haste flexível de algodão e encostá-la na parte interior do braço, para verificar se ocorre alguma irritação.

As quantidades devem ser sempre as indicadas pelo profissional aromaterapeuta. A aplicação é sempre muito discreta, como podemos ver abaixo:

* **No banho:** no máximo 7 gotas na banheira.
* **Na massagem:** 1 gota para cada 2 mℓ de óleo carreador.
* **No lenço:** 1 gota.
* **No travesseiro:** 1 gota.
* **Na lareira:** 1 gota por tronco de madeira
* **No difusor a vela:** de 1 a 7 gotas.
* **No vaporizador:** de 1 a 3 gotas durante 15 a 30 minutos.
* **No umidificador:** de 1 a 7 gotas durante 15 a 30 minutos.
* **No _room spray_:** de 3% a 10% do volume de álcool.

Aromas sagrados

Alguns óleos essenciais não apresentam aroma agradável, como é o caso da mirra e do olíbano. Ainda assim, ambos possuem um importante papel religioso, já que foram dados, junto com ouro, como presentes ao menino Jesus pelos reis magos, astrólogos do Oriente. Naquela época, a mirra e o olíbano eram especiarias raras e caras, geralmente usadas em ritos sagrados. A meu ver, essa oferenda teve dois significados premonitórios: morte quanto ao aspecto do ego e transformação para uma consciência maior, pois o aroma da mirra era associado à morte, e o do olíbano, à elevação do pensamento ao divino. Uma curiosidade: há muitos anos, misturei os dois óleos e o aroma obtido não foi agradável. Em comparação com as fragrâncias atuais, trata-se de um perfume pesado, profundo, lento — reflexo de uma era de grandes provações e de obscurantismo.

A qualidade de um óleo essencial depende de vários fatores, que podem alterar ou diminuir o efeito terapêutico da sua composição química: o plantio, o tipo de solo, a saúde da planta, o uso ou não de agrotóxicos, o clima, os cuidados na sua extração e no seu manuseio.

A propósito, existem diversos métodos de extração: destilação a vapor, extração por solvente ou por pressão a vácuo, extrusão e prensagem. O Brasil é exportador de óleo essencial de laranja, cuja extração é feita por prensagem, depois que a casca do fruto é lavada. Para a produção de um litro desse óleo essencial, são necessárias centenas de quilos da planta *in natura*. E não é exclusividade dele. Para que você tenha uma ideia: para produzir uma gota de óleo essencial de rosas, são necessárias aproximadamente setenta rosas. É por isso – e pelo fato de que provêm de várias partes do mundo e demandam um cultivo e uma seleção cuidadosa, normalmente manual – que os óleos essenciais geralmente são caros.

Ao escolhê-los, prefira aqueles de origem biológica. Ademais, verifique se o nome botânico da matéria-prima consta do rótulo e se o frasco impede que a luz solar incida sobre o produto – e em geral, os frascos de óleos essenciais são de vidro de cores âmbar, verde-escuro ou azul-marinho, mas também se encontram frascos metálicos. Os óleos se oxidam em contato com o ar, por isso a embalagem deve ser mantida sempre bem fechada.

O que são essências sintéticas?

No universo dos perfumes, das fragrâncias e dos óleos essenciais, a ação humana funcionou como um prisma, multiplicando substancialmente a gama de odores naturais. A partir do final do século XIX, com o avanço das pesquisas no campo da química orgânica, tornou-se possível decompor a estrutura molecular dos elementos naturais, identificar as suas partículas odoríferas e as suas proporções e, dessa forma, criar essências e fragrâncias sintéticas que copiavam ou imitavam odores encontrados na natureza. Desde então desenvolveu-se uma indústria de perfumes de síntese.

Além disso, o fato de determinadas matérias-primas não estarem à disposição forçou os especialistas a criarem outras. Assim, muitas das fragrâncias fabricadas e vendidas atualmente são inteiramente compostas por elementos artificiais. Os aromas artificiais proporcionaram uma considerável expansão da paleta de aromatizadores, que dispõe hoje de centenas de compostos sintéticos. Esses aromas possuem a vantagem de serem reprodutíveis e idênticos, ou seja, é possível reproduzi-los ilimitadamente, já que a sua síntese é sempre a mesma. Por isso, são também mais baratos do que os aromas naturais e os óleos essenciais.

Atualmente, para imitar sinteticamente o perfume de uma flor, basta procurar no estoque de moléculas de origem natural ou fabricadas artificialmente os elementos em questão e misturá-los, amalgamá-los. Da mesma forma, é possível selecionar certos elementos do perfume de uma flor e misturá-los com outras fragrâncias, dando origem a um odor totalmente desconhecido, nunca antes sentido.

Entretanto, aromas totalmente sintéticos ou criados a partir de uma proporção muito pequena de óleos essenciais não possuem ação terapêutica; eles apenas perfumam o ambiente (o que fazem muito bem), conferindo-lhe estilo, mas não alma. Como dito, a ação terapêutica dos óleos essenciais naturais se deve à sua ampla e complexa estrutura molecular.

Quanto ao aroma especificamente, as essências sintéticas se aproximam muito dos óleos essenciais, sendo difícil distingui-los, sobretudo para um profissional iniciante.

Os tipos de nota

Quando apreciamos uma música, geralmente não nos damos conta da quantidade de pequenos elementos que a compõem. Passam-nos totalmente despercebidos os inúmeros detalhes que integram e formam a melodia que nos chega aos ouvidos; conseguimos identificar o todo, mas não apreendemos as partes. Contudo, se nos concentrarmos em determinada frase musical, perceberemos essas unidades mínimas, pequenos sons que erigem o edifício musical: são as notas. Em conjunto e distribuídas em momentos, durações e frequências distintas, indo e vindo incessantemente, elas tecem a melodia, fazem a música.

Algo semelhante ocorre na composição de um buquê aromático, seja para uso pessoal (como no caso de um perfume) ou ambiental (um *room spray*), pois, assim como é necessário dispor ordenadamente as notas musicais para compor uma música, para criar uma fragrância é preciso combinar as notas aromáticas. Dessa forma, a indústria cosmética e de perfumaria costuma utilizar uma nomenclatura semelhante à da música para se referir ao tempo de volatilização e à intensidade das moléculas. Ambos, tempo e intensidade, desempenham um papel fundamental na classificação aromática.

A pirâmide olfativa, largamente utilizada pelos especialistas em perfumaria e aromatização, pode ajudar a lembrar as principais notas e a visualizar as etapas da construção de um perfume.

A pirâmide olfativa. Na base, as notas mais pesadas: as amadeiradas, as doces, as balsâmicas, as musgosas, as almiscaradas, as condimentadas. Logo acima, as notas médias: as florais, as verdes, as frutadas, que são o bojo da criação. No topo, as notas altas, de saída rápida, como as cítricas e as mentoladas.

Cada uma das três fatias da pirâmide corresponde a uma nota aromática. No mundo da aromatização e dos perfumes, raramente uma fragrância é desenvolvida sem que as três notas sejam levadas em conta.

As essências que se encontram na base, chamadas de notas de fundo ou notas de base, possuem uma velocidade de volatilização mais lenta do que as demais e fazem o perfume durar. Por isso, são empregadas como fixadores na composição de uma fragrância, servindo de apoio às outras duas. O sândalo é uma nota de base bastante utilizada. Em geral, as notas de fundo têm duração de oito horas, podendo resistir por mais de um dia.

Em seguida, com uma volatilização um pouco menos lenta, encontram-se as notas medianas, ou notas médias. Elas constituem o "coração" do perfume (em francês, são chamadas de *note de cœur*, ou "notas do coração") e são percebidas assim que a nota mais alta começa a desaparecer. Frequentemente são compostas por flores como jasmim, *muguet*, violeta e magnólia. Podem ser sentidas por um período que varia de quinze minutos a quatro a oito horas.

Por fim, no topo da pirâmide, encontram-se as chamadas notas altas ou notas de cabeça, que apresentam a volatilização mais rápida entre todas. Normalmente é o odor dessas notas que se sente inicialmente, o qual dura de poucos minutos a duas horas. Das fragrâncias desse tipo, as mais utilizadas são a de laranja, a de limão, a de bergamota, a de mandarina e a de lavanda.

É fundamental entender que uma nota prepara a chegada das outras. As notas que sentimos primeiro abrem o campo para as notas mais quentes que vêm em seguida, as quais, por sua vez, preparam terreno para aquelas que se escondem mais atrás, as notas de fundo, mais duradouras, assim formando um buquê variado. O mais importante? Harmonia!

UM POUCO
de história

Falar da história da aromatização de ambientes é narrar um pouco da história dos óleos essenciais e das resinas, o que, por sua vez, implica contar um pouco da história dos perfumes.

Fato é que os óleos essenciais, mesmo sendo raros e preciosos, já eram amplamente conhecidos, pois sempre parece ter havido uma conexão íntima entre nossos antepassados e os perfumes. Das sociedades cristãs às culturas indianas, passando pelas tribos indígenas brasileiras e pelos ameríndios latino-americanos, todo agrupamento de seres humanos parece ter desenvolvido uma relação com o seu entorno e, nesse processo, com os aromas que os ambientes exalavam. Bosques e florestas, por exemplo, poderiam ser considerados os primeiros ambientes naturalmente aromatizados de que se tem notícia: uma caminhada por uma estrada ladeada de pinheiros na Grécia, de canteiros de menta em Roma, ou mesmo em um jardim de lírios aromáticos na Turquia sempre foram atos que se configuram como experiências olfativas singulares.

Utilizadas inicialmente sobretudo em ritos religiosos do hinduísmo, do cristianismo, na mitologia grega e na africana, as plantas eram associadas aos deuses, de acordo com as características do seu odor, da sua forma e das propriedades curativas. O aroma do sândalo, por exemplo, era associado à deusa grega Afrodite, provavelmente pelo seu cheiro envolvente e por conferir à pele e aos cabelos brilho, maciez e hidratação; a mirra, a Apolo; a hortelã, a Hermes, dentre outros.

Os produtos e iguarias aromáticas marcavam a sua presença também na culinária e na cosmética, fazendo parte do dia a dia dos nossos ancestrais. Cozer um grão com uma folha de louro, jogar ervas aromáticas na lenha do fogão, colocar ramos de lavanda nas roupas são gestos que sempre integraram o cotidiano de inúmeras gerações passadas e que se repetem até os nossos dias.

É inegável que os seres humanos, no decorrer da história, buscaram odorizar os ambientes com a finalidade de elevar a sua frequência energética ou torná-los locais mais agradáveis e propícios para o desenvolvimento de determinadas práticas. Nas igrejas e em muitos templos religiosos (budistas, por exemplo), o perfume do incenso era comumente utilizado para inspirar a introspecção naqueles que ali se encontravam, induzindo à elevação dos pensamentos. Em cerimônias de batismo, missas e outros ritos católicos, por exemplo, era comum empregarem incenso com finalidades místicas.

No Antigo Egito, por volta de 3.500 a.C., o cedro possuía muitas funções: era utilizado nas cerimônias espirituais e nos embalsamamentos, e também para a proteção das folhas de papiro, evitando o ataque de insetos. Mas é realmente nos templos egípcios que o papel dos aromas adquire maior relevância, pois se atribuía a alguns deles (o próprio cedro, por exemplo) não só o poder de atrair as divindades como também o de afastar os maus espíritos.

Nos templos, quem manipulava os itens aromáticos eram os sacerdotes ou as sacerdotisas, considerados figuras diferenciadas, pois tinham a missão de atrair o divino para dentro dos templos e das tumbas – a sua missão era agradar ao Criador. Existem na Bíblia mais de 180 referências aos óleos essenciais; os mais comuns na Antiguidade eram o olíbano, a mirra, o nardo e o alecrim.

Sabe-se também que a cultura egípcia antiga dominava a fabricação de bálsamos e de óleos aromáticos, que eram usados nas mumificações, no cuidado com o corpo, assim como para afastar pragas e maus odores. Algumas traduções dos hieróglifos encontrados nos espaços mortuários nos contam como eram as preparações aromáticas empregadas, muitas delas também ligadas à preservação das múmias. Em termos de aromatização ambiental, a prática de queimar as resinas duas ou

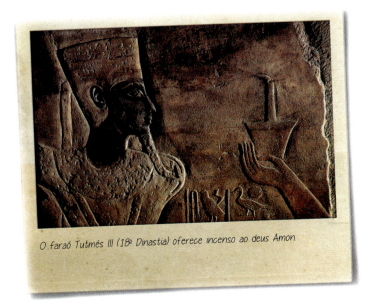

O faraó Tutmés III (18ª Dinastia) oferece incenso ao deus Amon.

três vezes ao dia, para agradar aos deuses, acabava por também trazer às ruas e aos lares o seu perfume, e provavelmente dar ao povo daquele tempo uma associação de certas horas do dia com a devoção.

A forma como a civilização egípcia empregava os óleos aromáticos está registrada também em papiros, e acredita-se que Cleópatra já havia descoberto naquela época o quanto a moda e os perfumes podiam ser armas importantes nas suas conquistas. Ela era uma grande adepta do uso de perfumes, utilizando-os frequentemente para seduzir. Em ocasiões especiais, festivas e em números de dança, homens e mulheres egípcios usavam

Chapéus perfumados em forma de cone do Antigo Egito.

uma espécie de chapéu em forma de cone que continha serragem, perfumes e óleos que impregnavam o ambiente por onde passavam e escorriam pelo corpo, disfarçando os maus odores gerados pelo suor.

A cultura védica indiana e a medicina chinesa sempre trabalharam com o poder curativo dos óleos aromáticos, tanto para a saúde física quanto para a espiritual. Os mais antigos testemunhos da utilização de perfumes e óleos essenciais por essas civilizações datam do primeiro milênio a.C. A Índia até hoje leva para dentro dos ambientes domésticos a aromatização, nos momentos ligados à devoção diária (por meio do uso dos bastonetes de incenso ou do uso de queimadores de óleos perfumados) ou no asseio corporal. Uma das fragrâncias mais usadas por eles, e minha predileta, é o sândalo Mysore. Pouco exportado, esse óleo âmbar escuro traz um aroma que traduz intimidade no seu sentido mais amplo: intimidade com a alma, além da sensação de sensualidade sofisticada, longe da vulgaridade adocicada dos perfumes baratos.

A liturgia budista, posteriormente, recomenda que as estátuas dos deuses sejam lavadas com águas perfumadas. A ideia é a mesma daquela dos egípcios: atrair as boas graças divinas por meio da sensação agradável da odorização dos ambientes.

Os egípcios podem ser considerados os "pais" da perfumaria, tendo influenciado diversos outros povos com a sua arte e, dentre eles, os gregos. Após uma expedição às terras do Nilo, no século V a.C., Heródoto e Demócrates levam consigo preciosas informações sobre as práticas e os materiais aromáticos usados naquela região, dando início à prática da perfumaria na Grécia.

Na Grécia antiga, por volta de 500 a.C., Hipócrates realçava a importância medicinal da canela; ele recomendava o uso do óleo da casca da caneleira no tratamento de problemas de circulação sanguínea e de doenças cardíacas. Nos templos, substâncias aromáticas eram queimadas com resinas e plantas para que o seu odor se volatilizasse, chegasse às narinas dos deuses e lhes agradasse, trazendo graças em troca. Alguns templos eram até mesmo construídos ou decorados com madeira perfumada, como cedro e sândalo – aromatização de ambientes que já era elaborada na própria concepção da planta do edifício.

A cultura latina, fortemente influenciada pela grega, também possuía uma intensa relação com os aromas. Há notícias de que os romanos, desde I a.C., comercializavam canela, pimenta, mirra e açafrão e, nessa mesma época, cada divindade tinha o seu perfume correspondente, utilizado nas cerimônias nos templos.

Os soldados romanos se estimulavam com banhos e massagens com óleos aromáticos (extraídos sobretudo da lavanda) e consideravam o uso de perfumes como um dos mais honestos prazeres do homem. A palavra perfume, aliás, vem do latim *per fumum* ou *pro fumum*, que significa "por meio da fumaça", uma referência ao antigo costume de queimar plantas aromáticas nos templos, fazendo com que elas subam aos céus, levadas pela fumaça durante as cerimônias religiosas.

Os perfumes também se mostram presentes no cotidiano do mundo judaico-cristão. A Bíblia, por exemplo, contém "fórmulas" de unguento perfumado ditadas pelo próprio Deus, como se observa no Êxodo, durante a viagem à terra prometida:

Mulher manuseia perfume nas termas romanas, os antigos banhos públicos voltados para a higiene corporal

> Toma das principais especiarias, da mais pura e virgem mirra quinhentos siclos [*aproximadamente 3,8 litros*], de canela [*cinamomo*] aromática a metade, a saber, duzentos e cinquenta siclos [*1,9 litro*], de cana aromática [*cálamo aromático, provavelmente*], duzentos e cinquenta siclos, de cássia quinhentos siclos, segundo o peso do santuário, e de azeite um him [*5,34 litros*] (...). Disto farás um óleo sagrado para unções, um perfume [...] e este será o óleo sagrado para unções. (Êxodo, 30, 22-25)

Há discrepâncias em relação às quantidades e aos nomes das plantas dessa fórmula, mas acredito ser ela a mais próxima. Esse óleo aromático serviu para consagrar Aarão e os seus filhos. O Senhor disse a Moisés: "Encontra essências aromáticas, resina, âmbar e gálbano... e incenso puro em partes idênticas. Prepararás um perfume composto segundo a arte da perfumaria, bem-dosado, puro e santo..." (Êxodo, 30, 34-35).

O termo "perfume" foi usado, nesse trecho, no sentido descrito anteriormente, de *per fumum* ("por meio da fumaça"). Também aqui os nomes dos componentes das plantas não são claros, mas servem como referência da relação entre o divino e o povo hebreu. As mulheres judias se purificavam em processos que duravam doze meses, sendo regular a aplicação do óleo de mirra nos primeiros seis meses. Como no deserto a prática do banho muitas vezes era impossível, o uso de saquinhos contendo a substância aromática era comum; eles eram amarrados ao pescoço, ficando entre os seios e funcionando como uma espécie de desodorante.

Na Idade Média, no período de 476 a 1453, os perfumes passam novamente a ser utilizados mais no domínio religioso do que no profano, em decorrência da expansão do cristianismo na Europa. Isso se estende até o período das Cruzadas (entre os séculos IX e XIII), que trazem de volta o uso das matérias aromatizadas, como os óleos aromáticos e as pomadas perfumadas, tanto para o prazer pessoal quanto para agradar a um visitante ao se perfumar a casa, alegrando os festivais, numa reaproximação e associação dos aromas com o lado mais refinado, luxuoso e prazeroso (menos austero) da vida.

A rica história dos perfumes e da aromatização também é, de certa forma, a história da humanidade nas suas lutas contra as doenças, em seus momentos sacros e profanos. A partir de 1280, epidemias assolam o continente europeu, e substâncias aromáticas passam a ser utilizadas para afastar as doenças e também para a higienização. Durante o período da peste negra (a partir de 1348), na Europa, muitos médicos usavam uma máscara em forma de bico de pássaro, no qual colocavam lavanda, ervas e óleos com o intuito de se protegerem da doença. Acreditava-se que aqueles compostos tinham o poder de afastar e combater as mazelas. Hoje em dia, contudo, sabemos que algumas das plantas usadas naquela ocasião dentro dos bicos das máscaras possuem realmente propriedades antivirais.

A gravura do século XVII retrata um médico da Idade Média com máscara aromatizada para se proteger da peste bubônica, ou peste negra

Nesta época, por causa do medo dos banhos, com a aquiescência dos médicos que os associavam ao contágio e os desaconselhavam, a necessidade de perfumar os ambientes se torna um fato. E até o período da Renascença o hábito de trocar o banho pelo uso de águas perfumadas (como água de alecrim, violeta e lavanda) e de perfumes em geral pesados e fortes se torna cada vez mais importante, uma necessidade.

Pintura anônima do final do século XV mostra o cotidiano do boticário.

Nesse período, muitas mulheres, para disfarçar o mau cheiro dos seus corpos, usavam pequenos sachês com pétalas de flores ou ervas debaixo das saias. Os banhos públicos se tornam lugares de depravação e, em sua maioria, foram fechados no século XVI. Os pós perfumados eram usados no rosto para o embelezamento das mulheres, e as *pomanders* – pequenas peças arredondadas, geralmente de metal fundido, enchidas com resinas e óleos perfumados, pétalas e cascas de frutas – aromatizavam as casas, os vestuários e os ambientes religiosos, provavelmente com mirra e olíbano.

Em 1370 aparece a água da rainha da Hungria, à base de lavanda, rosas, limão, menta e flor de laranjeira, que é considerada o mais antigo perfume à base de álcool de que se tem notícia.

Durante o Renascimento, época de exploração de novos horizontes, surgiram os primeiros tratados químicos e novas matérias-primas, como a baunilha, o cacau, a pimenta, o cardamomo, entre outras, trazidas de povos distantes para o Ocidente. Esse ampliado leque de odores mudou profundamente o vocabulário ocidental de aromas e aguçou a pesquisa sobre novas fragrâncias.

Já em meados do século XVI, Catarina de Médici, então rainha da França, tendo ouvido dizer que em algumas cidades às margens do Mediterrâneo havia flores tão perfumadas quanto as especiarias cheirosas que ela mandava trazer do Oriente, enviou especialistas à região para que verificassem a informação e, se fosse o caso, levassem tais flores à corte.

Chegando a Grasse, no sul da França, Florentin de Tombarelli, especialista enviado pela rainha, percebeu que muitos curtumeiros da cidade utilizavam essências naturais da região para eliminar o mau odor do couro (sobretudo na fabricação de luvas). Tombarelli repassou a preciosa informação à rainha e, a partir desse momento, a cidade aos poucos abandonou a produção de couro para investir na de perfume.

Essa produção se expandiu e se popularizou entre a aristocracia a tal ponto que, entre 1600 e 1789, as dependências da corte eram largamente aromatizadas com travesseiros de flores e ervas, e pequenas seringas com água perfumada. Com a proliferação dos manuais de etiqueta e toda uma disciplina dos corpos nas cortes europeias, foi-se paulatinamente desenvolvendo uma consciência, sobretudo entre os cortesãos, de que eles estavam rodeados de maus odores, de que as suas roupas nem sempre eram lavadas com a constância necessária, e que isso, em certa medida, os destituía da posição de prestígio, do *glamour*, da sensualidade e do sentimento de bem viver a que tanto almejavam. Essa percepção produziu profundas mudanças na forma de agir dos membros da realeza e, durante o reinado de Luís XV, o séquito real passou a ser chamado de "corte perfumada", e as suas mulheres instauraram códigos de sedução, sendo o perfume uma das suas armas mais fortes.

Nos séculos XVII e XVIII, o interesse pela higiene volta delicadamente, e o banho passa a ser recomendado, mas apenas uma vez ao mês. A burguesia (que sempre procurava imitar a corte) começa a ter acesso aos perfumes; a maior parte da população, contudo, continua imersa nas más condições de higiene.

Paulatinamente, a profissão de perfumista vai se desenvolvendo e, por volta do século XVIII, alguns deles oferecem uma larga coleção de banhos perfumados à base de cerejas, rosas e mel, água de colônia e amêndoa doce. Conta-se que a imperatriz Joséphine adorava os banhos perfumados com aroma de rosas e *cognac*, ao passo que Napoleão apreciava a água-de-colônia, com a qual friccionava os ombros e as costas.

A aromaterapia moderna

Apesar de o uso de óleos essenciais, tanto para a cura de doenças como para perfumar ambientes, remontar ao Antigo Egito, a sua popularização se deveu ao engenheiro químico francês René-Maurice Gattefossé, no início do século XX.

Gattefossé sempre se interessou pelas qualidades cosméticas dos óleos essenciais, pois a sua família era ligada ao comércio desses produtos. Certa vez, ele sofreu um acidente no seu laboratório, o que lhe causou uma profunda queimadura de pele; Gattefossé então a tratou com lavanda na forma de óleo essencial e ficou impressionado com a rapidez e com o excelente nível da cicatrização, já que não veio a ter qualquer problema decorrente de infecção ou de inflamação. Ele não sabia, mas esse seria o primeiro passo em direção àquilo que hoje chamamos de aromaterapia.

Depois disso, Gattefossé empreendeu pesquisas que levaram à descoberta de inúmeras propriedades de outros óleos essenciais. Ademais, os seus estudos inauguraram um novo interesse pelos óleos, dando origem a combinações aromáticas e a experimentações de novas fragrâncias e, assim, possibilitando de certa forma o advento da perfumaria contemporânea.

Os óleos essenciais passaram, então, a ser estudados com mais afinco, e diferentes métodos de utilização (alguns seculares) se difundiram: inalação, vaporização, banho, massagem, compressa, pomada, escalda-pés e ingestão (esta, apenas indicada por médicos).

Em O banho (1867), Alfred George Stevens retrata a popularidade do uso dos óleos essenciais.

Como se vê, a relação entre o ser humano e os óleos essenciais é muito antiga. Tivemos apenas algumas pinceladas sobre a sua história para entrarmos nesse mundo perfumado um pouco mais conectados com os seus elementos.

O CAMINHO DO AROMA
no corpo e na alma

Por mais que o nariz seja o órgão mais evidente do sistema olfativo, ele é apenas a entrada. Os aromas agem de forma muito peculiar no organismo humano. Em linhas gerais, podemos dizer que, após o contato com as cavidades nasais, eles são captados pelo bulbo olfativo e seguem para o cérebro. Então, dirigem-se rapidamente para o sistema límbico (em menos de 15 segundos), no qual se alojam as emoções, os impulsos sexuais, a memória, o aprendizado e os instintos, que retransmite as informações para a hipófise. Essa glândula, situada na parte inferior do cérebro, transfere os dados para as outras glândulas do corpo, o que produz uma série de alterações na síntese hormonal e nos ritmos cardíaco e respiratório.

A partir do momento em que uma fragrância cruza as narinas, a memória – um repertório que registra e permite identificar determinado odor – entra em campo. O olfato está diretamente ligado às sensações, às emoções e às lembranças, e é por essa razão que podemos recordar momentos marcantes por meio dos aromas. Quando a química de um óleo essencial entra em contato com a nossa química interna, conseguimos muitos efeitos; entre eles, acalmar, estimular, sensualizar ou harmonizar o corpo e a mente.

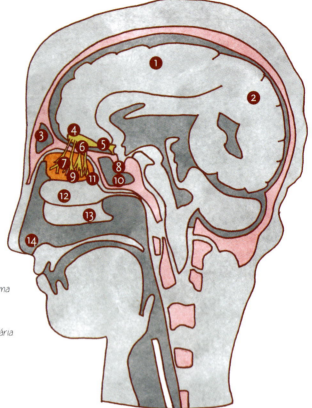

Sistema olfativo: o caminho dos óleos essenciais.

1. Córtex frontal
2. Cérebro
3. Seios da face
4. Bulbo olfativo
5. Trato olfativo lateral
6. Placa cribriforme (em forma de crivo) do osso etmoide
7. Filetes do nervo olfativo
8. Hipófise ou glândula pituitária
9. Mucosa olfativa
10. Seios da face
11. Concha nasal superior
12. Concha nasal média
13. Concha nasal inferior
14. Fossas nasais

Sinta o perfume e feche os olhos...

Cada um de nós já viveu a experiência de ser transportado para outro lugar ou outra situação ao sentir certo aroma. Até hoje, quando sinto o perfume de mimosa, lembro-me de Nice, no sul da França. E quando sinto o aroma de torta de maçã quentinha, recém-saída do forno, lembro-me da minha mãe. Um amigo sempre me diz que não pode sentir o cheiro da amendoeira-da-praia que se transporta imediatamente para as férias de verão no litoral. Cada um de nós tem um estoque de memórias ligadas ao olfato. Qual é a sua memória olfativa mais forte?

Assim, os odores interferem e agem diretamente no nosso espírito. Eles desencadeiam reações e provocam efeitos na psique e no humor, frequentemente proporcionando equilíbrio emocional e uma sensação de valor adquirido, de valia. O estudo dos aromas vem demonstrando que a utilização de óleos essenciais pode ser muito benéfica em alguns casos de desordem mental, problemas ou transtornos psíquicos. Como dissemos, as células que captam os odores se conectam ao sistema límbico, que rege as emoções e a memória, e é por isso que fragrâncias associadas a lembranças positivas podem desencadear emoções positivas, assim como odores ligados a experiências negativas muitas vezes geram sensação de desconforto, medo e desagrado.

Força invisível

O aroma tem o poder de repelir ou atrair, de fazer a pessoa permanecer menos ou mais tempo em um ambiente.

O aroma e o estilo

Todo ser vivo é fisgado por um tipo específico de odor: cada um tem os seus gostos e as suas preferências. É com base nesses gostos e preferências e em algumas variantes (idade, classe social, sexo, tipo de ambiente em que vive, etc.) que podemos criar uma fragrância que reflita o estilo de determinado grupo de pessoas ou de determinado ambiente.

Se, por exemplo, tratar-se de um grupo que vive na cidade e tem entre 25 e 35 anos, o aroma a ser criado normalmente deverá ser volátil, ágil, leve, porém sem deixar de possuir força e caráter (poderá conter mais notas cítricas, com notas de coração não tão óbvias). Se o público tiver de 45 a 60 anos e morar no campo, o aroma será totalmente diferente, pois as referências serão outras.

É muito importante que o profissional de aromatização de ambientes se interesse por história, moda, decoração e artes, já que o aroma ambiental acompanha as tendências mais atuais, que se renovam ano a ano. É possível acompanhá-las por meio de coleções, feiras mundiais, revistas e mídias sociais.

Ainda que as tendências de aromatização ambiental sejam um reflexo da época em que vivemos, qualquer composição pode levar em seu seio uma referência a determinada geração, trazendo para o presente fragrâncias há muito esquecidas e gerando reconhecimento e identificação.

Atualmente, no Brasil, é possível dizer que as notas de saída mais rápidas e cítricas são as mais populares – a brasileira gosta dos aromas florais, porém menos adocicados. Por conta do nosso clima quente, aromas fortes não se mostram agradáveis nem para o uso caseiro nem para pontos comerciais. Aromas de baunilha e frutados são bem recebidos pelos públicos infantil e juvenil.

Métodos de difusão

Para que uma fragrância atinja o objetivo de aromatizar satisfatoriamente um ambiente – doméstico ou profissional –, ela precisa ser leve e bem distribuída (exceto em casos especiais).

Após a escolha dos óleos essenciais ou das essências, vem um dos aspectos mais importantes da aromatização ambiental: a seleção do modo de aspersão ou difusão, isto é, de dispersão das moléculas do aroma no ar de forma que ele seja sentido e comece a atuar. Existem diversos métodos e mecanismos para a difusão de óleos essenciais.

A sua escolha, além de considerar os custos, depende principalmente das dimensões do local, da circulação do ar, da localização dos pontos de eletricidade, da altura do pé-direito, da disposição dos objetos e dos móveis, assim como do orçamento previsto.

ASPERSÃO MECÂNICA

É o processo de aplicação de óleos essenciais ou essências por meio de borrifadores mecânicos ou manuais. Em geral, os aplicadores sugam a água e a lançam no ambiente na forma de microgotas (semelhantes ao orvalho), que se dissipam e se evaporam no ar, aromatizando o ambiente. É o tipo de tecnologia encontrado nos *room sprays*, por exemplo.

Alguns aparelhos projetam a água em forma de névoa; isso é sinal de que não são indicados para fins de aromatização ambiental comercial, pois podem gerar umidade excessiva no ar e, assim, criar um ambiente favorável à proliferação de fungos e bactérias – no caso de uma loja que contenha prataria e metais, a oxidação pode ser um inconveniente. Normalmente, os equipamentos que formam névoa são mais indicados para usos terapêuticos. Sempre procure o equipamento adequado para o seu objetivo.

As gotículas borrifadas têm de ser quase imperceptíveis. Para não ter surpresas, experimente o aparelho antes, sem borrifar o óleo ou a essência diretamente sobre peças de roupa ou sapatos, madeira, etc.

Muitas essências são transparentes e não mancham, mesmo depois de muito tempo da aplicação. Se o seu objetivo é imprimir a identidade olfativa da sua marca em sacolas ou roupas, procure saber mais sobre tais essências.

ROOM SPRAY

Room sprays são mecanismos utilizados para aspergir manualmente perfumes e óleos essenciais no ambiente. Indo desde borrifadores de água até latas com aspersor a gás (semelhantes aos *sprays* de tinta utilizados por grafiteiros e artistas de rua) e desodorantes, os *room sprays* são práticos e fáceis de usar. Basta acioná-los e, *voilà*, o ambiente fica perfumado! Hoje em dia, eles são facilmente encontrados em mercados e lojas de materiais de higiene, e são produzidos pelos mais diversos fabricantes.

ASPERSÃO POR AR-CONDICIONADO

Alguns aparelhos de climatização de interiores possuem compartimentos nos quais é possível acoplar mecanismos difusores de essências; eles liberam o perfume de maneira uniforme no ambiente e permitem o controle do tempo e da intensidade de difusão.

Muitos desses aparelhos possuem um sistema de emissão a gás, o que não é muito ecológico. Esse sistema funciona com um *room spray* com arraste a gás, que exala o perfume no duto do ar-condicionado; então, o perfume é espalhado no ambiente por meio da circulação do ar. É necessário limpar regularmente os dutos de passagem de ar do aparelho, a fim de evitar a proliferação de fungos e de bactérias.

Limpeza dos dutos do ar-condicionado

As leis brasileiras estabelecem que todas as empresas que utilizam condicionadores de ar centrais são obrigadas a medir periodicamente o nível de limpeza do ar. Existem fungos, bactérias e leveduras que flutuam no ambiente e são aspirados pelos dutos do ar-condicionado; muitos desses microrganismos são detidos pelos filtros do aparelho, mas outros acabam por se alojar nos dutos, criando culturas nocivas que infectam o ar e provocam patologias. Se você gere uma grande empresa, um *shopping* ou um hospital e deseja implementar um sistema de aromatização, antes de tudo atenha-se ao principal cuidado: a limpeza periódica dos dutos do ar-condicionado.

AQUECIMENTO

É um dos métodos mais comuns e antigos de aromatização de interiores. Nele, o óleo essencial ou a essência sintética é colocado na água, diluído ou não, dependendo do tipo de aparelho; então, com o aquecimento e a evaporação da água, as moléculas odoríferas são dispersas no ar. Normalmente, o aparelho é uma peça simples de cerâmica ou de metal, com um compartimento para a água com o elemento odorífero e outro para o gerador de calor.

Cabe fazer uma observação sobre a intensidade do aquecimento, pois um óleo essencial não pode ser exposto a uma temperatura demasiadamente alta. Ademais, ele sempre deve ser trocado, isto é, as suas sobras não podem ser reutilizadas. Hoje em dia, existem equipamentos com aquecimento controlado, que possibilitam a difusão do aroma por muitas horas.

Esse mesmo método pode ser usado com essências sintéticas. Atualmente, há produtos que são vendidos já diluídos em água, e não em álcool (o que evita acidentes), e na proporção correta.

POT-POURRI

O *pot-pourri* é uma mistura aromática constituída normalmente por pétalas de flores secas, ervas, especiarias e materiais porosos, que são dispostos em um recipiente. Essa mistura pode receber ainda uma dose de essência, natural ou sintética, para que o seu olor se torne mais forte. É possível usar o *pot-pourri* logo após a sua montagem ou então deixá-lo maturar por um mês.

SACHÊS

São saquinhos de tecido leve, com trama mais aberta, como gaze ou seda, semelhantes a pequenas almofadas. Os sachês perfumados são utilizados principalmente para aromatização de roupas; normalmente, são colocados nas gavetas para que o seu odor se desprenda sobre os tecidos. Também podem ser colocados dentro de calçados.

OUTROS APARELHOS DE ASPERSÃO

Há ainda outras tecnologias, como a aspersão por vibração. Os aparelhos que a utilizam são elétricos e vibram, podendo emitir um ruído. Na hora de escolher um aparelho, pesquise na internet as opções existentes no seu estado ou país e escolha a mais adequada ao ambiente.

Atenção à embalagem

Todos os aromatizadores ambientais, sejam eles vendidos no varejo ou no atacado, devem ter a sua fórmula e o seu rótulo submetidos à Agência Nacional de Vigilância Sanitária (Anvisa), que os certifica. Essa certificação, que atesta que a fórmula não faz mal à saúde, é expressa por um número, o qual deve constar da embalagem.

AROMATIZAÇÃO DE
ambientes domésticos

Ter uma casa que nos abrigue da correria do dia a dia e que ainda possua o requinte de ser perfumada é realmente um prazer. Normalmente, a casa já tem os seus próprios aromas, pois é viva: o cheiro do café quentinho, da cera no chão, do bolo saindo do forno, de um banho gostoso, do seu perfume pessoal, dos produtos de limpeza. Confira algumas dicas gerais para deixar o seu cantinho mais aconchegante:

* É possível aromatizar praticamente qualquer espaço da casa sem sacrificar os aromas agradáveis do cotidiano. Nunca deixe de perguntar a todos que porventura morem nela sobre suas preferências; utilize aromas que sejam do agrado de todos, ou pelo menos da maioria.
* Para ambientes caseiros, normalmente indico um aromatizador discreto, de preferência da mesma cor da parede e com capacidade de funcionamento de quatro a oito horas. Coloque-o na entrada da casa.
* Se for dar um jantar ou uma festa, coloque um perfume especial na entrada, o que causa uma ótima primeira impressão ao visitante. Se o ambiente for grande, espalhe nele algumas velas perfumadas, pois elas ajudam a torná-lo ainda mais especial e acolhedor. No entanto, nada de velas perfumadas na sala de jantar; aí, quem tem de dar o recado olfativo são os próprios alimentos.
* Pequenos pot-pourris ajudam a criar o ambiente dos banheiros. A vela perfumada também é uma opção. Costumo deixar alguns aromas diferentes no armário do banheiro social e, conforme o evento, coloco um deles junto com as toalhas de mão, que podem ser discretamente perfumadas.
* Difusores e sachês podem ser usados nos quartos. Roupas de cama perfumadas são agradáveis para alguns e desagradáveis para outros – especialmente depois de passadas e se possuírem um aroma forte.

Atente para o risco de manchar as roupas de cama; tecido e perfume devem se conhecer antes de travarem relação.

* Não indico nenhuma essência com diluição em álcool para ser colocada em anéis ao redor de lâmpadas, como foi moda nos anos 1980, por conta do risco de incêndio.

* O *room spray* é o difusor de aroma mais popular e pode ser utilizado em qualquer cômodo da casa.

* O mau cheiro dos animais que vivem no apartamento ou na casa também pode ser tratado. No caso dos gatos, o odor desagradável da areia pode chegar a outros cômodos e se tornar uma fonte de estresse; no entanto, existem produtos que absorvem os maus odores usando bactérias naturais entre outros elementos que, ao interagir com as moléculas do cheiro, eliminam esse odor ou o atenuam (é possível encontrar na internet algumas empresas que fazem esse serviço corretamente). Outra sugestão é pingar na areia duas gotas do óleo essencial de *Lavandula officinalis*, que é antisséptico e possui um aroma fresco, que ajuda a disfarçar o cheiro.

Nós nos vestimos cada vez de uma maneira, de acordo com a ocasião, não é? Bem, uma casa também pode mudar de estilo usando a aromatização ambiental.

Os perfumes que usamos na residência podem expressar o nosso desejo de estar alhures – em uma casa de campo, de praia, na montanha, etc.

Ou, então, se estamos estressados, cansados e queremos nos acalmar, podemos mudar o perfume do interior e experimentar uma sensação boa que nos relaxa por algum tempo. O aroma ambiental pode em muito induzir essa sensação.

Imagine um jantar à luz de velas em um *décor* étnico chique, aromatizado com o perfume ambiente de vetiver. Ele poderá ficar ainda mais encantador se as velas forem colocadas em potes de cerâmica.

No caso de um almoço casual entre amigas em um dia frio, a mistura dos aromas da mandarina verde, do cedro e da canela cria um clima propício à conversa e ao divertimento.

A aromatização de um ambiente doméstico leva em conta alguns fatores fundamentais: a personalidade dos moradores, o seu estilo de vida, as suas preferências olfativas, a decoração do espaço (ou do evento, se a casa for abrigar um) e a mensagem a ser transmitida.

Como escolher o aroma apropriado?

Primeiro, é necessário identificar a sua necessidade:

1. Quero apenas aromatizar o meu ambiente.

2. Quero aromatizar o meu ambiente e também obter algum benefício psicológico ou físico.

Se você se enquadra no primeiro caso, precisa, antes de tudo, contatar uma empresa que comercialize essências sintéticas, para que ela lhe apresente algumas opções. Existem perfumes ambientais para todos os bolsos, e o seu valor é definido pela qualidade dos componentes, pela sua disponibilidade (são raros ou comuns?), e pela sua concentração (quanto maior a concentração, mais caros). A escolha apenas do perfume só pode ser feita quando você sente a fragrância, isto é, a partir do contato direto da essência com o olfato.

Se a sua opção é a segunda, informe-se primeiro sobre as propriedades dos óleos essenciais e, a partir disso, selecione o aroma ou a sinergia mais indicada. Ao menos no começo, você pode solicitar o auxílio de um especialista.

Em ambos os casos, porém, é importante verificar se os produtos se encontram dentro do prazo de validade e se os óleos essenciais são armazenados em um frasco de cor âmbar ou escuro (que impede que a luz ambiente atinja o produto). Além disso, atente para o nome botânico e a data de extração do óleo. Assim, você nunca levará gato por lebre.

Também procure saber mais sobre o óleo que está adquirindo. Pergunte ao fornecedor se ele é inflamável e, se estiver diluído, se a diluição está adequada para o uso. Mantenha as essências e os óleos essenciais longe de crianças e nunca os passe diretamente sobre a pele, a não ser que isso seja indicado por um médico ou aromaterapeuta.

Fazendo um room spray em casa

Que tal criar o seu próprio *room spray*? Para ambientes caseiros e pequenos (de até 20 metros quadrados), coloque cerca de 5 gotas do óleo essencial em um difusor. Se o seu objetivo é apenas aromatizar, utilize as essências sintéticas correspondentes, que têm um preço mais acessível. Siga estes passos:

1. Coloque os óleos essenciais ou a essência sintética em um frasco que filtre a luz (em geral, o recipiente deve ser azul, verde ou âmbar), de preferência de vidro, e cuja boca seja em forma de rosca, na qual se possa acoplar um borrifador.

2. Em seguida, adicione álcool de cereais na quantidade indicada na fórmula que você vai fazer e agite o recipiente.

3. Acrescente água desmineralizada na quantidade indicada e novamente agite o recipiente.

Você pode utilizar o *room spray* imediatamente, porém, se deixar a mistura descansar por quinze a trinta dias, o aroma ficará mais "redondo", pois as moléculas sofrerão mais interação. O *room spray* caseiro tem validade de um ano após o repouso da fórmula.

Recebendo os amigos (fórmula para *room spray*)

Alegria! Alegria! Alegria!

> 1 m*l* de lavanda (*Lavandula officinalis*)
> 1 m*l* de cedro (*Cedrus atlantica*)
> 1 m*l* de bergamota (*Citrus aurantium subsp. bergamia*)
> 80 m*l* de álcool de cereais
> 17 m*l* de água desmineralizada
> *Validade: 1 ano*

Uma correspondência importante
Ao preparar as fórmulas, tenha em mente que 1 m*l* equivale a cerca de 20 gotas

Casa de praia (fórmula para *room spray*)

Na praia, o frescor, a alegria e a sensualidade estão em evidência. A pequena fórmula a seguir nos leva as esses domínios solares, nos quais o calor e o mar inundam as mentes, energizam os corpos e fazem sonhar.

> 1 m*l* de laranja-amarga (*Citrus aurantium subsp. amara*)
> 2 m*l* de ylang-ylang (*Cananga odorata*)
> 1,5 m*l* de cipreste-italiano (*Cupressus sempervirens*)
> 80 m*l* de álcool de cereais
> 15,5 m*l* de água desmineralizada
> *Validade: 1 ano*

Casa de campo (fórmula para *room spray*)

Uma lareira, uma caneca de chá, o verde pulsando lá fora e o aroma da casa de campo trazem harmonia mental e distanciamento dos problemas para avaliá-los melhor. Essa calma sadia, provinda dos momentos mais íntimos, permite que a gente se refaça e se conheça.

1 ml de gerânio (*Pelargonium graveolens*)
1 ml de camomila-romana (*Anthemis nobilis*)
1 ml de pinho (*Pinus palustris*)
80 ml de álcool de cereais
17 ml de água desmineralizada
Validade: 1 ano

Na cidade (fórmula para *room spray*)

A vida urbana nos consome. Atualmente, somos solicitados a todo momento e vivemos submersos em uma overdose de informações. Por isso, é importante que o aroma de casa nos relaxe, nos descontraia e nos tire um pouco da correria da cidade, mas sem eliminar a sofisticação que viver nela nos traz.

1 ml de limão siciliano (*Citrus limon*)
1 ml de sândalo (*Santalum album*)
1 ml de vetiver (*Vetiveria zizanioides*)
80 ml de álcool de cereais
17 ml de água desmineralizada
Validade: 1 ano

Sala para receber convidados (fórmula para *room spray*)

Receber, para mim, é servir bem; é servir com entusiasmo, com alegria e com olho firme nos detalhes para que todos se sintam acolhidos, confortáveis e felizes.

O aroma do ambiente no qual os convidados permanecerão pode ter diversos papéis além dos mais óbvios (receber e acolher). Um deles é sublinhar o estilo, reforçar o tema da reunião.

Suponhamos que você irá oferecer um jantar japonês. É melhor escolher algo sutil, que lembre a delicadeza do vapor do arroz e a fineza da seda. Se o espírito do jantar ou da reunião for mais europeu, você pode optar por um aroma mais forte, como laranja-amarga com vetiver. Já se for uma noite tropical, escolha um aroma leve e divertido, com frutas como manga, goiaba e pitanga.

O céu é o limite: basta ficar atento para coordenar o *decór* com o perfume ambiente.

1,5 mℓ de laranja-amarga (*Citrus aurantium* subsp. *amara*)
2 mℓ de lavanda (*Lavandula officinalis*)
1,5 mℓ de patchouli (*Pogostemon cablin*)
80 mℓ de álcool de cereais
15 mℓ de água desmineralizada
Validade: 1 ano

Condições especiais

Para mulheres grávidas e crianças de até 8 anos, aconselho o uso de apenas dois óleos essenciais: de lavanda (*Lavandula officinalis*) e de camomila-romana (*Anthemis nobilis*), em quantidades mínimas (2 gotas para cada 100 mℓ de água para aromatizar o quarto). No caso de portadores de doenças crônicas, o aroma específico deve ser escolhido com aconselhamento de um aromaterapeuta.

Lavabo social (fórmula para *room spray*)

Muitos anos atrás, em um evento de decoração, elegi como melhor ambiente decorado um lavabo que não tinha mais do que poucos metros quadrados. Era tão aconchegante e de tão bom gosto que nunca mais o esqueci!

O lavabo é um lugar perigoso nas festas grandes, com muitos convidados, já que pode acumular maus odores em pouco tempo, especialmente se o ambiente não possuir janela. O aroma, neste caso, pode ajudar se for verde e fresco. O perfume do lavabo pode conversar com o estilo da decoração ou repetir o estilo da festa.

Se a festa acontecer durante o dia, recomendo fragrâncias frescas, cítricas ou florais; se ocorrer à noite, as fragrâncias podem ser mais pesadas (mas não muito, principalmente se as dimensões do espaço forem pequenas).

3 ml de néroli (flor de laranjeira) (*Citrus aurantium subsp. amara*)
80 ml de álcool de cereais
17 ml de água desmineralizada
Validade: 1 ano

Uma curiosidade

O aroma de flor de laranjeira recebeu o nome néroli em homenagem à princesa de Nerola, da Itália, que o usava como perfume. O seu aroma é extremamente agradável, com notas cítricas e florais. O produto vem principalmente da França, da Tunísia, da Itália, Egito, do Marrocos e dos Estados Unidos.

Banheiro

É o lugar onde podemos nos restaurar, bem como limpar nosso corpo e cuidar dele. No banheiro, guardamos os nossos perfumes e cremes – o nosso arsenal cosmético, provavelmente todo ele também perfumado. Assim, no banheiro encontramos muitas fragrâncias diferentes. Perfumá-lo pode ser muito divertido e melhora a qualidade de vida.

E não há nada como um banho de banheira, perfumado com gotas de óleos essenciais relaxantes e algumas velas acesas ao redor. Mas é possível atingir ótimos resultados com uma ducha quentinha, aspergindo de 2 a 4 gotas de óleo essencial em direção ao piso. O contato com a água da ducha faz com que as moléculas odoríferas se volatizem e subam, proporcionando uma agradável aromatização ao banho. São procedimentos simples que melhoram o nosso astral e nos ajudam a ter um sono mais tranquilo.

Quem monta o cardápio aromático da sua sala de banho é você; só depende do clima que quer dar a ela.

Eis algumas sugestões de aromas: gerânio, lavanda, camomila, rosas, angélica, jasmim, ylang-ylang.

BANHEIRA
De 2 a 6 gotas diluídas em óleo carreador vegetal na água morna ou quente do banho de banheira. Sinta o aroma e relaxe por 10 a 12 minutos.

BANHO DE CHUVEIRO
De 1 a 2 gotas colocadas em um pedaço de tecido macio, esponja ou luva para banhos, já umedecidos. Esfregue debaixo da ducha morna ou quente. Sinta o aroma que se desprende com o calor úmido.

OFURÔ
Duas gotas em uma colher de óleo carreador (óleo de semente de uva, de amêndoas ou azeite, por exemplo). Misture esse preparo na água quente.

Atenção com o banho

Alguns óleos essenciais não são indicados para o banho: canela, tomilho, cardamomo, mandarina, menta, cravo e basilicão, por serem óleos que podem irritar a pele.

Quarto

CRIANÇAS DE 8 MESES A 5 ANOS (FÓRMULA PARA *ROOM SPRAY*)
Sensação de colinho, sono e calma.

   0,5 m*l* de lavanda (*Lavandula officinalis*)
   0,5 m*l* de camomila-romana (*Chamaemelum nobile*)
   80 m*l* de álcool de cereais
   19 m*l* de água desmineralizada
   Validade: 1 ano

ADOLESCENTES (FÓRMULA PARA *ROOM SPRAY*)
Foco no estudo, pé no chão e energia.

   1,5 m*l* de alecrim (*Rosmarinus officinalis*)
   1 m*l* de capim-limão (*Cymbopogon citratus*)
   1 m*l* de cedro (*Cedrus atlantica*)
   80 m*l* de álcool de cereais
   16,5 m*l* de água desmineralizada
   Validade: 1 ano

ADOLESCENTES E ADULTOS (FÓRMULA PARA *ROOM SPRAY*)
Para dormir
De 1 a 2 gotas de lavanda (*Lavandula officinalis*) no travesseiro. Não coloque mais do que isso, pois o efeito será o inverso.

Para estudar com afinco (fórmula para *room spray*)
Para os dias em que precisamos nos dedicar mais aos estudos, à escrita, à observação.

   1 m*l* de alecrim (*Rosmarinus officinalis*)
   1,5 m*l* de cedro (*Cedrus atlantica*)
   1,5 m*l* de gerânio (*Pelargonium graveolens*)
   80 m*l* de álcool de cereais
   16 m*l* de água desmineralizada
   Validade: 1 ano

CASAL ROMÂNTICO (FÓRMULA PARA *ROOM SPRAY*)

1 m*l* de jasmim (*Jasminum officinale*)
1 m*l* de laranja-doce (*Citrus aurantium var. sinensis*)
1,5 m*l* de rosa (*Rosa centifolia*)
80 m*l* de álcool de cereais
16,5 m*l* de água desmineralizada
Validade: 1 ano

Para um ambiente mais sensual
O sândalo proporciona uma atmosfera inesquecível. Já o óleo essencial de agarwood, que vem da Índia e funciona como vasodilatador, propicia um ambiente intensamente sensualizado.

Áreas externas (fórmula para *room spray*)

JARDIM OU QUINTAL

Em ocasiões especiais, no fim de tarde ou à noite, o jardim ou o quintal podem ser aromatizados com pequenas velas perfumadas, espalhadas ou penduradas nas árvores, em diferentes alturas.

Também podemos borrifar um *room spray* nas cerâmicas (desde que não sejam vitrificadas) ou, ainda, espetar incensos nos canteiros. O ambiente fica uma delícia!

5 m*l* de néroli (flor de laranjeira) (*Citrus aurantium subsp. amara*)
2 m*l* de sândalo (*Santalum album*)
80 m*l* de álcool de cereais
13 m*l* de água desmineralizada
Validade: 1 ano

Lavanderia (fórmula para *room spray*)

A lavanderia pode ser um ambiente muito agradável e perfumado. Nela, devem-se usar aromas leves, que não sobrepujem o cheiro dos amaciantes e do sabão em pó.

Perfumar os lençóis é uma maneira de perfumar o quarto e a cama. Porém, antes de fazer isso, experimente o aromatizador em um pedaço de pano, para verificar se ele não mancha o tecido. Também borrife um pouco da fórmula (diluída) no seu antebraço para saber se ela provoca alergia.

1 ml de lavanda (*Lavandula officinalis*)
1 ml de erva-cidreira (*Melissa officinalis*)
80 ml de álcool de cereais
18 ml de água desmineralizada
Validade: 1 ano

E a cozinha?

Este é um ambiente que já tem os seus próprios aromas, que vêm das panelas. Entretanto, se você quer uma cozinha ainda mais perfumada, utilize óleo essencial de canela (*Cinnamomum zeylanicum*). Ele aquece o ambiente e estimula o apetite. Uso uma fórmula simples em minha casa, mas que sempre faz sucesso: em um recipiente transparente, coloco 50 ml do óleo essencial de laranja-amarga, 3 pedaços de canela em pau, alguns cravos e 2 anises-estrelados. Coloco o recipiente na beirada da janela, com algumas varetinhas para absorver o perfume. É bonito de ver e de sentir!

AROMATIZAÇÃO DE
ambientes profissionais

Criar um perfume para uma empresa ou uma loja é celebrar a exclusividade da marca ou do estabelecimento. Contudo, aromatizar um ambiente profissional não é tarefa simples, pois um escritório comercial é muito diferente de um consultório médico, que é muito diferente de uma praça de alimentação de *shopping*, e assim por diante. São tantas as variantes que estão em jogo no preparo de uma fragrância (idade, sexo, classe social, ambiente, etc.), que chegar a uma fórmula que atinja um público determinado pode levar meses. Mas todo o esforço vale a pena quando o objetivo principal é proporcionar ao outro um momento de prazer, uma emoção, um dia mais feliz.

Os benefícios da aromatização de um ambiente profissional são inúmeros. É possível combinar essências com produtos antivirais e bactericidas, o que propicia um ambiente levemente perfumado, limpo e saudável. Também é possível utilizar produtos cuja única finalidade seja purificar o ar, criando uma identificação com a preocupação em manter a saúde acima de tudo – uma identificação positiva para qualquer marca.

Uma maneira simples de aromatizar sem gastar muito é colocar o difusor na entrada da loja ou do ambiente a ser aromatizado; assim, o visitante recebe a impressão olfativa logo na sua chegada.

Com o tempo, você pode aumentar o número de aspersores; entretanto, tenha em mente que será preciso aumentar também a quantidade mensal de essências e, portanto, os gastos com elas. Por isso, faça um projeto de médio ou longo prazo, dependendo da situação.

O aparelho de aspersão pode ser alugado ou comprado. Existem diversas opções de modelos e de preços no mercado. Escolha um aparelho discreto, pequeno, que passe despercebido, e pergunte se pode testá-lo por um ou dois dias antes de comprá-lo efetivamente.

Não é recomendável realizar a aromatização de um ambiente que esteja sendo reformado (cheiro de tinta ou de cola é um ruído odorífero que interfere no processo). No caso de um estabelecimento comercial, quanto mais porosos forem os acabamentos do recinto, mais rápida e intensa será a aromatização. A circulação de ar é crucial para que o aroma flua com facilidade no interior do local.

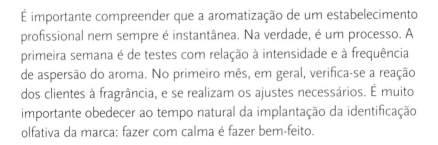

Quando menos é menos MESMO!
Na hora de aromatizar um ambiente comercial, o ideal é permanecer no local e testar o aroma no ar pelo tempo que for necessário. Você pode partir de uma intensidade máxima e diminui-la gradativamente, até chegar a um nível agradável, ou então aumentá-la conforme os funcionários e clientes retornem. O primeiro método é mais prático.

É importante compreender que a aromatização de um estabelecimento profissional nem sempre é instantânea. Na verdade, é um processo. A primeira semana é de testes com relação à intensidade e à frequência de aspersão do aroma. No primeiro mês, em geral, verifica-se a reação dos clientes à fragrância, e se realizam os ajustes necessários. É muito importante obedecer ao tempo natural da implantação da identificação olfativa da marca: fazer com calma é fazer bem-feito.

A aromatização contínua, dia após dia, com a mesma fragrância, constrói uma identidade olfativa e possivelmente vínculos positivos entre o cliente e o estabelecimento.

O processo de fixação da identidade olfativa demora cerca de um ano a um ano e meio, por isso a rotina de aromatizar o ambiente diariamente é tão importante. Esse é o período de *implantação da aromatização no espaço*: durante ele o aroma pode ser ajustado e dimensionado. Depois que o aroma é aprovado definitivamente, passa a ser utilizado em outras aplicações, outros ambientes da marca ou da empresa ou outros produtos.

"Nada de doce para mim..."

Aposte em aromas mais cítricos e menos doces. Moramos em um país quente, intenso, verdejante. Aromas quentes e pesados não favorecem a leveza do ar em um ambiente. Lojas populares podem utilizar perfumes mais doces; já em lojas sofisticadas esses perfumes devem ser muito sutis. Cuidado para não criar ou escolher uma fragrância enjoativa!

Imagine poder enviar um cartão de fim de ano para os seus clientes com o aroma da sua marca. Isso provavelmente despertará neles lembranças e emoções muito mais inspiradoras do que uma simples mensagem escrita ou visual, pois, como vimos, os aromas acionam diretamente camadas profundas e mobilizadoras do nosso universo emocional.

Delicadeza e conforto

Certa vez eu me encontrava em Nice, na França, e fazia um dia frio e chuvoso. Como estava um pouco resfriada, comprei um pacote de lenços descartáveis em uma farmácia e, para minha surpresa, eles tinham cheiro de pinho! Na mesma hora em que senti aquele aroma, me senti melhor. Foi como tomar um chá quentinho! O cheiro me remeteu ao cuidado e à atenção com meu corpo. Isso me conquistou. É claro que comprarei de novo!

As fórmulas a seguir foram elaboradas ao longo de minha experiência na aromatização de ambientes profissionais. Cada uma possui elementos específicos de atração relativos ao público-alvo correspondente.

Adolescentes (fórmula para *room spray*)

Na adolescência, as oscilações hormonais, a necessidade de autoafirmação e o grupo às vezes acabam gerando momentos de falta de atenção, rompantes agressivos e devaneios. A fórmula abaixo inspira o foco e equilibra a energia dos adolescentes. É indicada para ambientes como escolas, bibliotecas e salas de estudo.

15 ml de menta (*Mentha spicata*)
1 ml de néroli (flor de laranjeira) (*Citrus aurantium subsp. amara*)
1 ml de camomila (*Chamaemelum nobile*)
1 ml de cedro (*Cedrus atlantica*)
77 ml de álcool de cereais
20 ml de água desmineralizada
Validade: 1 ano

Adultos

Gente grande é outra coisa. Ao elaborar o projeto de identidade olfativa de uma marca, são levados em conta alguns dados importantes do público consumidor: faixa etária, cultura, estilo, sexo, poder aquisitivo, se é mais descontraído ou mais sério, mais ligado ao passado ou ao futuro, etc. Quanto mais dados tivermos à disposição, mais claro será o caminho para definir o aroma correto.

As mulheres são extremamente sensíveis à aromatização de ambientes e de si próprias. Se a roupa é atitude, o aroma também é. A mulher se revela por meio dos dois, não é mesmo?

Em uma loja feminina moderna, um buquê de notas rápidas e sensuais pode ser associado a uma essência excitante. Isso fará que as clientes se sintam mais energizadas e animadas para comprar.

A mulher adulta pode ser mais conservadora e séria, ou mais fashionista e antenada; sendo assim, você precisa descobrir a personalidade que será refletida pelo perfume ambiental que identificará a marca, a qual se revela sutilmente por meio da moda, do estilo, entre outras coisas. Ou seja: além de exprimir a personalidade da loja, a alma da marca, o que se deseja é que a identidade olfativa exprima também o espírito ou os traços de personalidade e as preferências do público-alvo.

No caso de grupos masculinos, os diferentes gostos, idades e perfis econômicos também pedem fragrâncias diferentes, sempre levando em conta que vivemos em um país tropical. O que quero dizer é que em uma loja de ternos finos não se devem colocar aromas europeus fortes, mesmo sendo este o viés estético do estabelecimento. O ideal é optar por versões mais suaves e frescas. Aromas pesados demais são desaconselháveis.

Em geral, os homens brasileiros apreciam aromas ambientais leves, com notas de fundo de madeira, couro e musgo. Experimente a partir desses parâmetros, já que as combinações de uma fórmula são praticamente infinitas.

Minha sugestão para o mundo masculino é criar um clima que revele virilidade, modernidade, estilo, agilidade e sofisticação.

MULHERES A PARTIR DE 30 ANOS (FÓRMULA PARA *ROOM SPRAY*)
1 mℓ de gerânio (*Pelargonium graveolens*)
1 mℓ de sândalo (*Santalum album*)
1 mℓ de toranja (*Citrus paradisi*)
80 mℓ de álcool de cereais
17 mℓ de água desmineralizada
Validade: 1 ano

HOMENS A PARTIR DE 30 ANOS (FÓRMULA PARA *ROOM SPRAY*)
1,5 mℓ de cravo (*Eugenia caryophyllata*)
1,5 mℓ de limão (*Citrus limon*)
1 mℓ de ylang-ylang (*Cananga odorata*)

1 ml de sândalo (*Santalum album*)
76 ml de álcool de cereais
20 ml de água desmineralizada
Validade: 1 ano

Observação: esta é uma fórmula que as mulheres também vão adorar sentir. É sensual!

PÚBLICO GLS

As identidades olfativas refletem as correntes do mundo atual, cada vez mais unissex. Com menos preconceito e mais alegria, desde David Bowie as tendências aromáticas adquiriram um caráter nuançado. Há muitos perfumes que servem para os dois sexos.

No marketing olfativo, inúmeras vezes somos solicitados a fazer um aroma unissex. Homens e mulheres trabalham, estudam e se divertem juntos. Então o desafio é este: encontrar um aroma que agrade a marcianos e venusianos.

1 ml de ylang-ylang (*Cananga odorata*)
1 ml de bergamota (*Citrus aurantium subsp. bergamia*)
1 ml de olíbano (*Boswellia serrata*)
80 ml de álcool de cereais
17 ml de água desmineralizada
Validade: 1 ano

Observação: eu adoro esta fórmula! Ela me inspira o calor do Sol e o abraço apertado do amado, lembra o dia quente de verão e outras delícias!

Lojas de comestíveis

O tipo de fragrância varia dependendo do tipo de comestível e da marca. Podem ser usados os mais diversos aromas: de pão fresco, café, canela, cravo, laranja, limão, mandarina, bergamota, pimenta, camomila, gerânio, lavanda, alecrim.

Como nessas lojas existem diversos aromas, sugiro fazer uma aromatização delicada apenas em alguns pontos, sendo o da entrada o principal.

Universidades, livrarias, bibliotecas e salas de estudo (fórmula para *room spray*)

Em virtude de serem lugares nos quais a concentração se faz extremamente necessária, ambientes com a finalidade de estudo requerem aromas que favoreçam o foco e a calma, combatendo a dispersão.

1 ml de capim-limão (*Cymbopogon citratus*)
1 ml de patchouli (*Pogostemon cablin*)
1,5 ml hortelã-pimenta (*Mentha piperita*)
1,5 ml de cardamomo (*Elettaria cardamomum*)
80 ml de álcool de cereais
15 ml de água desmineralizada
Validade: 1 ano

Salas de espera de hospitais (fórmula para *room spray*)

Como se trata de lugares onde normalmente não nos sentimos confortáveis ou à vontade, as salas de espera de hospitais requerem aromas mais suaves, que inspirem calma, paz, coragem, tranquilidade e remetam à limpeza.

1,5 ml de lavanda (*Lavandula officinalis*)
1,5 ml de árvore-do-chá (*Melaleuca alternifolia*)
1 ml junípero (*Juniperus communis*)
80 ml de álcool de cereais
14,5 ml de água desmineralizada
Validade: 1 ano

Eles funcionam mesmo!

Certa vez, recebi um telefonema durante as férias.
Do outro lado da linha, uma voz feminina me disse:

— Estou ligando para lhe agradecer. Hoje fui fazer alguns exames de saúde e estava com muito medo. Eu tive uma manhã difícil, porque precisei limpar a casa do meu pai, que faleceu há alguns meses. O meu humor estava para baixo e, para piorar, eu suspeitava estar com uma doença maligna. Fiquei surpresa quando, no laboratório, me ofereceram um cardápio aromático. Optei por inspirar um aroma que infundia calma e confiança e, olha, fiquei surpresa! Aquilo me fez muito bem! Realizei os exames com coragem e voltei para casa de bom humor. Quis lhe agradecer pessoalmente. Muito obrigada! Onde posso comprar esses aromatizadores?

O interessante é que esta ligação veio em um momento no qual eu questionava a minha insistência em utilizar produtos naturais. A dúvida se dissolveu naquele momento. Ouvir uma declaração como essa é o que me faz feliz como profissional. Afinal, o objetivo é servir bem e trazer o bem por meio dos perfumes.

Consultórios em geral (fórmula para *room spray*)

A ideia é aplicar um aroma que infunda confiança, a fim de deixar os pacientes mais relaxados. Construindo uma memória mais positiva da experiência, você ameniza a resistência ao retornar.

1,5 mℓ lavanda (*Lavandula officinalis*)
1,5 mℓ de erva-cidreira (*Melissa officinalis*)
0,5 mℓ de cedro (*Cedrus atlantica*)
80 mℓ de álcool de cereais
16,5 mℓ de água desmineralizada
Validade: 1 ano

Socorro rápido para algumas situações

Os aromas à base de óleos essenciais a seguir podem ser aspergidos com um *spray*. Anote:

* Para um ambiente de trabalho ou estudo no qual os funcionários ou alunos se dispersam depois de algumas horas de esforço: use cedro (*Cedrela odorata*), alecrim (*Rosmarinus officinalis*) e menta (*Menta piperita*), juntos ou separados, pois eles melhoram a concentração.

* Para um ambiente onde falta sinergia e bom humor entre os empregados: use óleo essencial de lavanda (*Lavandula angustifolia*), que ajuda a harmonizar os ânimos e criar integração.

* Para um ambiente em que haja mau cheiro: use óleo essencial de bergamota (*Citrus aurantium* subsp. *bergamia*).

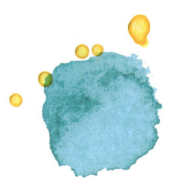

O marketing olfativo

Gosto muito da visão do marketing como instrumento de vendas. Ela pode parecer simplista ou demasiadamente direta, mas a verdade é que, nas sociedades modernas, em que existe um estímulo ao consumo em todos os níveis, a grande dificuldade para um negócio é gerar vendas sustentáveis, já que sempre há um ou mais concorrentes que oferecem o mesmo tipo de produto. Segundo estatísticas recentes, há no Brasil 500 mil salões de cabeleireiro! Cada novo *shopping* possui dezenas de lojas de moda feminina; em qualquer cidade média do país existe pelo menos meia dúzia de franquias de escola de inglês, dezenas de restaurantes e cadeias de *fast-food*, lojas de presentes, redes de supermercados, agências de viagem, laboratórios de medicina diagnóstica, academias de *fitness*. Todos competem pela atenção e pela fidelidade dos clientes. Em uma perfumaria ou loja de cosméticos, centenas de perfumes e outros produtos disputam o olfato, o imaginário e o bolso dos consumidores. O que se deseja com o marketing é tornar uma marca atraente, desejável, reconhecível, distinta e relevante, objetiva ou subjetivamente, para os seus públicos. Atrair e fidelizar: este é o caminho para vendas saudáveis e negócios sustentáveis.

O grande poder do marketing olfativo está no fato de lidar com o universo profundo da *psique* humana. Estamos cada vez mais condicionados a resistir aos discursos ou aos apelos racionais de venda. Costumamos rejeitar instintivamente qualquer proposta de venda feita por meio das mídias tradicionais. De certa forma, bloqueamos a nossa mente ao bombardeio de apelos visuais e auditivos. Entretanto, reagimos bem a estímulos sensoriais agradáveis e motivadores, ainda não decodificados. E o universo aromático é um território ainda bastante inexplorado.

Aromatizar é traduzir a identidade, é inserir os usuários no universo de significados de uma marca, de um produto ou de uma empresa.

É proporcionar uma sensação boa ao cliente, é convidá-lo a um universo imaginário, onírico e virtual, procurando criar uma relação que possa, por fim, ocasionar a sua fidelização. Isso acontece porque os perfumes mobilizam diretamente o sistema límbico, o grande acionador das nossas emoções, conforme vimos no começo deste livro. A nossa reação à inalação de um perfume é praticamente instantânea: as emoções afloram e a mágica acontece.

Uma vez que se entende o poder desencadeador que o olfato exerce sobre o imaginário, é natural que o gestor de uma marca procure utilizar essa ferramenta na construção da sua identidade geral.

O *branding* emocional – ou como atrair e fidelizar clientes

Costumamos dizer que as marcas constroem vendas a curto e a longo prazos. E os aromas e as fragrâncias podem auxiliar um gestor de vendas ou de marketing em ambos casos.

Em seu clássico livro *Emotional Branding*, Marc Gobbé incorporou uma visão mais ampla sobre as sensações e as emoções envolvidas na construção e na gestão de uma marca. Ele propõe uma gestão das diferentes instâncias sensoriais segundo os distintos momentos ou níveis de interação dos usuários com a marca. É preciso levar em conta que há momentos nos quais a relação é mais racional ou distante, e outros de profunda intimidade, em que instintos e fatores emocionais mais sutis desempenham o papel principal.

Quando precisamos identificar rapidamente uma companhia aérea, seja num anúncio impresso ou para nos localizarmos num aeroporto, a marca deve ser identificada claramente por meio de apelos visuais claros de cor e de forma. Já quando estamos no ambiente de "consumo" ou intimidade com a marca (por exemplo, quando entramos no avião ou no quarto do hotel), ela deve se apresentar de maneira sutil: nas cores, nos padrões e nas texturas do contato tátil, na música ambiente ou nos aromas aos quais estaremos expostos.

A construção de associações entre aromas, a identidade de marca e as suas vendas pode ocorrer de duas maneiras: primeiro, a lembrança de emoções positivas associadas a uma dada marca pode ser determinante na posição que ela ocupa na árvore de decisão do cliente, evocando-a de forma subliminar no momento da decisão da compra. Isso ocorre uma vez que o vínculo cliente > aroma > sensação positiva > emoção positiva > identificação da personalidade da marca > memória tenha sido estabelecido.

Segundo, é possível fazer o uso de aromas que ocorrem naturalmente, ou seja, podemos associar perfumes naturais a certa marca de modo que a sua ocorrência provoque a lembrança da marca. Uma grife de moda de praia, por exemplo, pode se associar a uma variação de aromas marinhos, de forma que, quando as suas clientes forem expostas naturalmente a esses aromas, será reforçada a cadeia associativa: aroma da praia ou do mar > associação com o aroma característico da loja > reforço ou presença da marca. Dessa maneira, uma marca se apropria de sensações e memórias afetivas dos clientes e se torna presente nas suas vidas e nos seus momentos de escolha da compra.

Imaginar que a relação entre aromas e vendas seja direta talvez seja superestimar os efeitos do olfato, mas sem dúvida veremos cada vez mais o uso de componentes olfativos no conjunto de uma estratégia completa de marketing.

Aliados ao *design* da embalagem, ao *visual merchandising*, à arquitetura, à decoração e à iluminação de uma loja, ao uniforme e ao aspecto dos atendentes, os aromas compõem a identidade e definem a personalidade e o posicionamento de uma marca.

Pode-se argumentar que, com os aromas, estamos trabalhando com critérios altamente subjetivos; no entanto, é exatamente por isso que eles são muito mais poderosos.

Uma maneira que tenho encontrado para ajudar empresas a encontrarem a sua identidade olfativa, diminuindo o nível de subjetividade na escolha do aroma adequado, tem sido trabalhar e testar as diferentes soluções de perfumes com um número considerável de gestores, testando e discutindo com eles as associações despertadas e a personalidade da marca, até encontrar uma solução que desperte as associações adequadas para um número maior de pessoas.

O marketing olfativo pode desempenhar as seguintes funções:

* Identificar a marca, distinguindo-a das outras.
* Criar um universo de significados para as marcas, transportando o usuário ou cliente para este universo sensorial e conceitual da marca ou do produto.
* Aumentar fortemente o apelo de vendas no ponto de vendas ou diminuir a rejeição a produtos.
* Gerar sensações que melhoram as relações humanas no ambiente de trabalho.
* Transmitir ao cliente um cuidado especial com ele durante a sua permanência no espaço de interação.
* Possibilitar às empresas, principalmente as de varejo e hotelaria, a criação de linhas de produtos a partir do seu aroma.
* Ajudar a regular emocionalmente as relações entre o cliente e o negócio, particularmente no varejo, em que se pode, por exemplo, aumentar ou diminuir o desejo de permanência do cliente no espaço de vendas e outros efeitos.

Aroma com "a cara do Brasil"

Uma vez fui contratada por uma grande e sofisticada cadeia de hotéis. Em uma reunião, a gestora responsável, norte-americana, definiu o rumo do desenvolvimento da fragrância que distinguiria aquele hotel dos demais da cadeia:

— Quero um aroma que seja *a cara do Brasil*, que traga sensação de conforto, ajude o hóspede a se sentir em casa e, ao mesmo tempo, seja leve e fresco, adequado ao clima.

Na reunião de aprovação de uma das criações apresentadas, estava presente uma equipe heterogênea, formada por homens e mulheres; mas a decisão final foi mesmo a do presidente da rede: um buquê aromático com notas verdes e cítricas e fundo de chá, bem brasileiro. Resultado: até hoje, dez anos depois, hóspedes de várias nacionalidades manifestam não apenas a sua aprovação, como também o desejo de levar o aroma para casa. Uma boa lembrança fideliza!

É possível utilizar os aromas para melhorar o desempenho comercial de forma imediata, pois eles agem sobre o ambiente de venda ou de prestação de serviço, intensificando a relação emocional do cliente com o espaço. O aroma tem a capacidade de adequar um ambiente ao tipo de transação comercial que ali se desenvolve. Por meio dele, pode-se induzir ou desestimular a permanência do consumidor no espaço. Isso depende de fatores como: tempo de espera necessário para o atendimento, grau de complexidade da transação, rapidez do ciclo de atendimento, nível de concentração exigido para o fechamento das vendas, entre outros.

A aromatização do produto é fundamental no momento decisivo da compra na gôndola do supermercado, em que a escolha é feita também com base no aroma que o conteúdo ou a embalagem do produto exalam. Isso vale para todos os tipos de produto, não apenas os alimentares, de cosmética ou de limpeza. Uma embalagem bonita vende o conteúdo, mas uma embalagem bonita e delicadamente perfumada vende mais.

Exemplo disso foi a verdadeira revolução no mundo dos detergentes em pó provocada pelas visitas que o presidente de uma enorme multinacional fez às favelas do Rio de Janeiro a fim de conhecer os hábitos de consumo dos usuários dos seus produtos. Ele se espantou ao saber que as mulheres lavavam as suas roupas íntimas duas vezes: a primeira com sabão em pedra, mais barato, e a segunda, com sabão em pó. Questionadas sobre o motivo de tamanho trabalho, elas responderam: "Por causa do cheirinho". Isso potencializou a atenção que a marca dispensava à questão do aroma dos detergentes, tanto na sua formulação quanto na sua propaganda.

Na esteira dessa mudança, as marcas de sabão em pó têm lançado, nos últimos anos, produtos que mantêm a roupa perfumada por mais tempo, o que proporciona às donas de casa a sensação de fazer um trabalho mais agradável, já que todo o ambiente da lavanderia também se perfuma. Assim, uma atividade rotineira se torna mais prazerosa. O mesmo efeito é propiciado pelos aspiradores de pó que perfumam o ambiente, lenços de papel com cheirinho de pinho silvestre, etc.

Falando da influência dos aromas na relação entre o cliente e a marca, são notáveis os resultados da aromatização de consultórios e clínicas, uma vez que existem combinações de óleos essenciais que proporcionam uma reação de calma e diminuem o nível de ansiedade – a fórmula, você viu, foi apresentada no capítulo anterior. É provável que, numa próxima vez, o paciente ou o seu acompanhante escolham o hospital ou a clínica em que se sentiram melhor (com menos tensão, insegurança ou medo). Isso é fidelização e, portanto, venda sustentável. Assim, aromatizar um ambiente pode ser muito mais eficaz na fidelização de clientes do que anúncios autoelogiativos em revistas ou *folders* impressos – além de custar menos.

Se os pacientes relaxam durante a espera, o mesmo ocorre com os atendentes que lidam diretamente com eles. A função desses profissionais é estressante por natureza, seja em uma clínica, na portaria de um hotel, em um *call center* ou em uma loja de departamentos com grande fluxo de pessoas, e a aromatização os ajuda a lidar com a pressão. O que temos observado é que, em um ambiente adequadamente aromatizado, os funcionários desempenham melhor a sua função, sentem-se mais confiantes e com o humor equilibrado, desde que a fórmula seja ajustada para tal. Se o atendente estiver de bem com a vida e animado na medida certa, os resultados certamente serão melhores.

O bom atendimento também pode exigir uma dose extra de foco. Nesse caso, óleos essenciais como o de hortelã-pimenta (*Mentha piperita*), em combinação com outros, são ferramentas valiosas. Salas de estudo e departamentos comerciais e contábeis também se beneficiam com esses aromas.

Engana-se quem imagina que apenas os produtos explicitamente aromáticos fidelizam os seus clientes e aumentam as suas vendas por meio da escolha acertada de uma fórmula odorífera. Um aroma característico ajuda a construir a personalidade da marca ao associá-la de forma sutil, porém profunda, a sensações positivas despertadas por ele.

Um caso particularmente bem-sucedido do uso do aroma correto tem ocorrido com algumas grifes de roupa feminina de luxo em São Paulo, que conseguiram atingir duplo objetivo ao trabalharem o marketing olfativo. Por conta do sucesso do seu perfume ambiental (a sua identidade olfativa), desenvolveram produtos de casa igualmente aromatizados, como velas, sabonetes líquidos e em barra e incensos. Fecharam um ciclo completo de identificação de marca: sensação positiva no ponto de venda, criação de novos produtos, vendas adicionais e presença aromática duradoura na residência das clientes. Nessas lojas, as roupas têm o seu tecido aromatizado, as sacolas e o ar são perfumados; tudo isso ajuda a tirar o consumidor da realidade por um momento e a empurrá-lo para uma "comprinha relâmpago". Mais interessante ainda é o fato de que o aroma ambiental da loja é o próprio veículo (ou mídia) que impulsiona as vendas dos produtos aromáticos. As clientes simplesmente elogiam o aroma dessas lojas e são informadas que "podem levá-lo para casa".

Curiosidades

Um caso curioso de marketing olfativo espontâneo é o do bloco de afoxé Filhos de Gandhi, que perfuma com alfazema as ruas de Salvador durante o carnaval. Por onde o bloco passa, deixa um aroma fresco e uma sensação de tremendo alto-astral. Aliado ao branco das roupas e ao batuque inconfundível da sua levada afro-brasileira, o aroma de alfazema termina por compor a "identidade" do bloco Gandhi.

Um caso picante e inteligente de identificação entre uma personalidade e um perfume, embora provavelmente involuntário, foi a associação que Marilyn Monroe criou com o clássico Chanel nº 5, quando declarou que usava uma gota do perfume para dormir "e nada mais". A frase e, claro, a sua sensual autora, se perpetuaram. Marilyn pode ter ingenuamente impulsionado a Chanel, mas se associou a um ícone feminino que está mais vivo do que nunca.

Buscando a identidade olfativa

A identidade olfativa de uma marca deve ser criada a partir do estudo profundo do seu "espírito". Todas as manifestações da marca devem trabalhar em sintonia para materializar a sua essência.

Os objetivos que levam um estabelecimento comercial a realizar a aromatização de ambiente são múltiplos; porém, a intenção principal é traduzir o espírito da marca por meio do aroma, sempre tendo em vista o público-alvo. Quanto maior a atenção ao desejo da empresa – que, no fundo, é o que gera o produto –, mais bem-sucedido é o projeto; assim, o aroma tende a ser um espelho no qual a marca se reflete e no qual cada cliente pode se enxergar.

O objetivo e o desejo do cliente, contudo, nem sempre são evidentes, e o profissional que desenvolve o aroma para um espaço comercial deve saber lidar com isso. Muitas vezes, é preciso fazer um levantamento da história e dos gostos pessoais do criador da marca, do público que a consome e do próprio ambiente. Além disso, é necessário considerar aspectos práticos, como o horário em que o aroma será disperso no ar e se existem pessoas alérgicas entre os vendedores (neste caso o aroma será formulado sob esse prisma e deverá ser leve).

O primeiro passo para criar essa identificação é perfumar os ambientes com a essência escolhida, com um aroma de preferência exclusivo, pois assim é possível avaliar a aceitação da fragrância e ajustar a fórmula. Esse período pode durar de 2 a 7 dias para que seja possível detectar os ajustes a serem feitos. Nessa avaliação, é preciso escutar com atenção os funcionários e os clientes no decorrer dos dias, a fim de ser obtido um relatório concreto da aceitação ou não do aroma e os seus motivos. Com base nessas informações, os ajustes podem ser feitos; e em geral após os ajustes a aceitação é boa.

A aromatização age como um "mantra" na consolidação da imagem de uma empresa: a sua utilização contínua reforça subliminarmente a sua identidade ao associá-la à sensação de prazer provocada pelo perfume.

Para reforçar o *link* ponto comercial > aroma e criar uma identificação da marca, é preciso repetir sempre a mesma fragrância durante um período de tempo – geralmente entre 6 meses e um ano.

Tendo o aroma uma boa aceitação, com retorno positivo do público, pode-se pensar na sua aplicação em outros elementos que reforcem a identidade olfativa: embalagens, sacolas, papéis de carta, cartões de visita perfumados, produtos como perfumes, velas, sabonetes, sais de banho, colônias, xampus, condicionadores, cremes, sachês, odorizadores de carros, toda uma linha de cosméticos, *house wear* e *bath wear* – além de realizar eventos aromatizados fora do ponto de venda, enviar brindes a jornalistas e clientes e aromatizar pontos de venda em supermercados e prateleiras em que fica o produto.

O que acaba ocorrendo naturalmente é o seguinte: ao gostarem do aroma experimentado nos ambientes da marca, os clientes manifestam o desejo de levá-lo para casa. Com isso, cabe ao gestor da marca decidir criar ou não uma extensão dos seus negócios, dependendo do desejo de ter o seu aroma usado em outros ambientes.

É possível desenvolver um perfume a partir do aroma ambiental, mas às vezes o novo produto poderá sofrer alguns ajustes na sua formulação para se tornar um perfume pessoal. O perfume ambiental de lojas de vestuário pode estar ligado ao lançamento das coleções de primavera, verão, outono, inverno, ou de temas festivos, como Natal, carnaval e Dia dos Namorados.

Fazendo o mapeamento

Como dito anteriormente, o marketing olfativo exige o estudo prévio da marca, do público-alvo e do ambiente. A seguir, enumeraremos algumas perguntas que devem ser feitas e os aspectos a serem considerados a fim de que a aromatização seja um sucesso e não custe mais do que o necessário.

1. Qual(is) o(s) ambiente(s) a ser(em) aromatizado(s)? O ponto todo ou algumas salas; ou só a entrada, ou a entrada e os provadores (no caso de lojas)?
Objetivamente, aqui já começa a ficar mais clara a quantidade de aparelhos de aspersão que serão necessários.

2. Quais são os elementos que compõem o ambiente?
Devem ser anotados aspectos como móveis, cores, tipo de iluminação. Esses dados ajudam a identificar melhor o estilo do estabelecimento. Tais informações serão um guia para a escolha do perfume de interiores que mais bem expresse a marca ou o estilo que se deseja para o ambiente.

3. Qual é a faixa etária do público-alvo e qual o sexo?
Não só a idade como também o sexo do público-alvo devem ser levados em conta na hora de traçar o perfil do cliente. Idades diferentes e fases de vida diversas exigem aromas igualmente diferentes. O sexo já define, por si só, alguns dados, como a tendência do tipo de aroma a ser oferecido. Ao serem reunidos esses dados (idade e sexo) com o estilo da loja, é possível saber mais sobre o público e os seus gostos.

4. Qual é o perfil da loja ou da marca?
Conforme dissemos no item anterior, esta informação complementa a investigação para determinar quem é o público.

5. A planta baixa do local está disponível?
Esta pergunta é feita para que se saiba como o aroma circulará e possibilitar uma estimativa de quanto tempo levará para se fixar no ambiente. A planta arquitetônica ajuda a entender melhor o caminho do ar e o espaço a ser aromatizado. Assim, são levadas em conta:
* a medida da área;
* a localização das portas;
* a localização das janelas;
* a localização das tomadas de energia elétrica;
* a localização das saídas de ar-condicionado;
* a altura do pé-direito.

Caso a planta ainda não esteja finalizada, isso poderá trabalhar a favor da aromatização, pois o profissional poderá, junto com o arquiteto, estudar o melhor lugar para colocar o(s) aspersor(es), visando que a eficiência seja a máxima possível, com os equipamentos fixados em lugares discretos.

Em locais nos quais já estejam definidos os pontos das tomadas elétricas, é necessário colocar os pontos de aspersão onde for possível, e nem sempre é no melhor local. Muitas vezes, só resta colocá-los dentro do balcão do caixa ou próximo a ele. Este é um lugar no qual os vendedores ficam muito tempo – assim, deve-se tomar um cuidado extra para que o aroma não se torne um inconveniente. A alternativa, em casos assim, é colocar no ar a fragrância com uma diluição maior.

A altura do pé-direito é uma informação relevante, conforme o tipo de aspersão. Caso seja muito alto, é necessário instalar os equipamentos e fazer testes para verificar como o aroma se comporta no ar. Se o perfume ambiental demorar a descer para o piso, será preciso fazer alguma interferência com a ventilação, a fim de que o ar o leve mais rapidamente para baixo.

Caso o estabelecimento tenha mezanino e este seja de uso dos clientes, é interessante colocar um ponto de aspersão também ali. A aromatização pode ajudar a atrair o cliente ao outro piso.

6. Os materiais do ambiente são porosos ou absorventes?

A porosidade das superfícies do ambiente indica a facilidade com que o aroma se fixará. Esse dado pode gerar economia de gastos, já que, se o ambiente for "absorvente", uma menor quantidade do aroma precisará ser usada.

Materiais mais porosos (carpetes, tecidos, etc.) fixam melhor o aroma. Já materiais refratários não fixam o aroma.

Assim, devem ser considerados os materiais:
* do piso;
* das paredes;
* das cortinas;
* dos estofamentos.

7. O ambiente possui ar-condicionado? Com que frequência ele é limpo?

Se é limpo com a frequência adequada, existe a opção de trabalhar também a aspersão via dutos de ar-condicionado. Caso a limpeza não esteja em dia, essa ideia deve ser desprezada, privilegiando-se as outras formas de aspersão (que foram apresentadas no capítulo "O caminho do aroma no corpo e na alma").

8. Qual é a distribuição dos funcionários no ambiente? Como é a sua circulação?

Esta informação é muito importante na hora de definir os aparelhos a serem usados para colocar o aroma no ar. A aromatização tem de ser agradável também aos que trabalham o dia todo no ambiente.

9. O aroma será terapêutico? A ideia é melhorar algum aspecto físico ou psicológico dos clientes e vendedores?

Neste caso, é recomendado o uso de óleos essenciais. O custo é maior, mas os resultados são excelentes. Caso a ideia seja apenas aromatizar, é possível recorrer às essências sintéticas – o custo cairá sensivelmente. Outra sugestão é a utilização combinada de óleos essenciais e essências sintéticas. O custo ficará mais acessível e será possível atender a alguns aspectos terapêuticos, como maior atenção, um ar mais limpo de vírus e bactérias ou uma maior harmonia no ambiente.

10. O aroma será orgânico, sintético ou uma mistura dos dois?

Essa escolha depende do nível de expectativa com o produto. Caso haja a disponibilidade financeira e o comprometimento com o aspecto ecológico, o adequado é o uso de óleos essenciais puros sem agrotóxicos, que possuem custo mais elevado, mas são produtos topo de linha. Cerca de 80% dos proprietários de pontos comerciais preferem uma mistura da essência sintética com os óleos essenciais, pois dessa maneira o custo é reduzido e alguns aspectos terapêuticos são preservados.

11. Qual é o horário de funcionamento do estabelecimento?

É preciso conhecer esse dado para saber por quantas horas o aroma deverá ficar no ar. Assim, é mais fácil calcular a quantidade de essência a ser utilizada. Conforme a capacidade de cada aparelho, o número de horas de funcionamento variará. Esse dado é importante para o fornecedor de aspersores e de aromas, porque permite definir a quantidade de essência por mês que o espaço precisa.

12. **Qual(is) é(são) o(s) aparelho(s) de aspersão de aroma que se adapta(m) à necessidade do local?**
As modalidades foram apresentadas no capítulo "O caminho do aroma no corpo e na alma".

13. **O que é necessário, em termos de infraestrutura, para a instalação do(s) aromatizador(es)?**
Cada caso e cada proposta demandarão um tipo de adaptação, de modo a equilibrar o custo e as necessidades do ambiente e do cliente.

Misturas explosivas

Uma mistura explosiva é uma mistura desequilibrada, cuja dosagem é desarmônica, tal qual a música em que um ou dois instrumentos tocam desafinadamente. Aromas muito fortes provocam a mesma sensação de perturbação e afastam os clientes. Assim, acabam danificando a marca ao associá-la a um momento de desprazer.

Certa vez, enquanto eu passeava por um *shopping* de São Paulo, a minha atenção foi atraída por um lindo vestido e entrei na loja; porém, o aroma nela era tão forte que perguntei ao vendedor se havia ali algum ambiente sem cheiro. Ele falou que talvez pudesse me atender no toalete! Então me confessou que não aguentava mais aquele aroma tão excessivamente doce! Escolha sempre os melhores produtos possíveis, peça todos os laudos e verifique sempre as datas de validade. Experimente, pois existem aromas (como o de pimenta, ylang-ylang, sândalo, vetiver e patchouli) que exigem mais experiência e atenção no momento de usar.

O marketing olfativo: relatos

Os relatos a seguir foram colhidos em empresas de segmentos e áreas de atuação diferentes. São depoimentos que mostram como a aromatização vem sendo aplicada no varejo, na prestação de serviços e como reforço de marca.

De que forma o desenvolvimento de um aroma para o seu espaço comercial melhorou a imagem da sua marca?
Ruy Hirschheimer (presidente da Electrolux do Brasil): O aroma é importante para dar identidade olfativa a um local e, por isso, fazemos uso dessa ferramenta na Casa Electrolux, espaço-conceito da marca no qual os consumidores e clientes podem conhecer, entender e experimentar cada um dos nossos produtos, lançamentos e inovações. A boa atmosfera cuidadosamente criada na *flagship store* gera um entrosamento maior com o espaço e aguça as sensações dos visitantes da Casa, tornando a experiência da visita ainda mais prazerosa. Por meio do aroma, estamos conseguindo reforçar a sofisticação e a inovação presentes em nossos produtos e o conforto da nossa loja *premium*.

Como um aroma pode revelar o estilo de um ambiente?
Clarissa Schneider (editora da revista de decoração e design *Bamboo*): Os aromas não revelam apenas o estilo, eles inspiram os sentimentos. Um aroma fresco inspira verão, bem-estar, despojamento, alegria. Um aroma amadeirado inspira conforto, recolhimento, paz. São sentimentos como esses que nos ajudam a criar o estilo que desejamos levar para dentro de nossas casas. Assim, os cheirinhos são a base da nossa inspiração.

Como um aroma pode revelar o estilo de uma pessoa?
Helena Montanarini (especialista em estilo): O aroma é a marca registrada da pessoa. A escolha do perfume identifica e reflete o que ela quer transmitir ao mundo. O aroma indica o estilo da pessoa, que pode ser romântica, clássica, esportiva, poderosa, *clean*, etc. Quanto mais uma pessoa é fiel a um aroma, mais ela tem um estilo definido. O perfume ativa uma memória, e uma pessoa de estilo é lembrada imediatamente.

Qual a sua experiência com os óleos essenciais no dia a dia?
Thierry Guillot (gerente geral do Grand Hyatt São Paulo): O sentido do olfato é superpoderoso. As fragrâncias de minha infância, se eu senti-las hoje, vão me projetar para trinta, quarenta anos atrás. Esse poder traz mais personalidade para um lugar quando tem seu aroma próprio. É uma área na qual as pessoas vão prestar mais atenção, na área operacional, no marketing.

Por exemplo, em um estabelecimento em Paris, as pessoas do marketing fizeram um aroma de *croissant* fresco e quente, que é exalado para a rua e atrai o consumidor.

No meu escritório, uso óleos essenciais com uma máquina. Faço meu próprio coquetel. Hoje em dia estou usando menta, alecrim, eucalipto e *lemon grass*. Todos os dias gosto de usar. No inverno vou mudar um pouco.

Por que você indica aromatizar pontos de varejo?
Celina Koschen (consultora de varejo e franquia): Recomendo aos meus clientes realizarem um projeto de aromatização para as suas lojas porque este é mais um aspecto que atua na criação da "alma" da loja e da marca. Um aroma que proporcione bem-estar e crie a sensação de acolhimento pode inspirar o cliente a permanecer por mais tempo na loja e conhecer o que ela oferece. Um aroma que expresse a alma e o conceito da marca faz a experiência de compra ser mais prazerosa, além de fidelizar o público.

Como a consumidora da sua marca de roupas percebe a aromatização das lojas?
Lita Mortari (empresária, proprietária da Lita Mortari): A consumidora percebe o aroma como algo agradável, que deixa o ambiente com cara de "casa bem-cuidada", aconchegante. Para os negócios, realizamos uma padronização nas lojas, inclusive no aroma. Dessa forma, seja qual for a loja visitada, a sensação é a mesma. Até as peças que vão para a casa das clientes têm o perfume "Lita Mortari".

Como tem sido a experiência da aromatização da sua loja?
Renata Feffer (empresária, proprietária da Cau Chocolates): Muito positiva. Decidimos fazer a aromatização porque a loja se encontra em um *shopping*, que tem um aroma "impessoal".

O projeto de aromatização contribuiu para enriquecer a experiência que o cliente/consumidor tem quando entra nela. Selecionamos um aroma que remete ao chocolate, mas que não tem cheiro de chocolate.

O aroma veste o ambiente? Na sua opinião, qual a relação entre aroma e ambiente?
Esther Giobbi (arquiteta e decoradora): O aroma complementa o ambiente, assim como o cabelo faz com o rosto, a moldura com o quadro. É invisível, mas fecha o clima com chave de ouro.

PARTE II
AS MATÉRIAS-PRIMAS

Nesta segunda parte do livro, escolhi catorze aromas tanto por sua utilidade quanto pelas inúmeras possibilidades de sinergia que apresentam. São aromas versáteis, com muitas qualidades positivas, que perfumam ambientes e, ao mesmo tempo, proporcionam benefícios físicos e psicológicos.

Foi justamente por causa dessa dupla característica – perfumar e proporcionar benefícios – que estão abordados aqui os óleos essenciais como matéria-prima, e não as essências sintéticas.

Conheça cada um, experimente-os no seu dia a dia, comece a sua própria história de amizade com eles. Assim, você poderá complementar as informações apresentadas a seguir com as suas próprias descobertas. Esse processo é como uma dança com um parceiro que se revela a cada passo – uma dança de puro prazer e alegria.

E, ao fazer uma nova combinação, consulte sempre um especialista para se certificar sobre as propriedades da mistura feita.

LAVANDA
A RAINHA DE TODOS OS AROMAS

Já estaria na massa das estrelas o cheiro da alfazema?
Ferreira Gullar, "O jasmim"

A lavanda, um pequeno arbusto originário da região do mar Mediterrâneo, varia da cor púrpura ao violeta acinzentado, e o seu perfume brando e aconchegante tranquiliza, reconforta e acalma. Conhecida popularmente no Brasil como "alfazema", ela foi desde muito cedo utilizada pelos romanos como aditivo na preparação de banhos e para a conservação e limpeza de roupas devido às suas qualidades aromáticas. Força, leveza, resistência, delicadeza e sutileza são algumas das sensações despertadas por aquela que é, sem sombra de dúvida, a rainha de todos os aromas.

As suas propriedades calmantes, antidepressivas e medicinais também são amplamente conhecidas há vários séculos. Os egípcios e os celtas já empregavam a lavanda tanto como perfumaria quanto como antisséptico. Mas o seu uso se difundiu mesmo durante a Idade Média, quando ela passou a ser aplicada no combate a doenças infecciosas, pois se acreditava que os maus odores propagavam enfermidades. Há inclusive uma anedota segundo a qual a peste não acometia os luveiros da cidade de Grasse, na França, porque eles usavam lavanda para aromatizar o couro – e, assim, muitas pessoas das redondezas teriam passado a utilizar a lavanda para manter a peste longe. O nome científico foi dado pelo médico e botânico Lineu (1707-1778), e acredita-se que o vocábulo lavanda tenha origem no verbo *lavare* ("lavar", em latim), alusão ao uso da planta em sais de banho e unguentos.

A partir do século XVI, a lavanda começou a ser destilada e usada também como vermífugo. Já no fim do século XIX e no começo do XX, passou a ser cultivada em escala maior e a ter finalidades cosméticas. Nos anos 1950, assistiu-se à ascensão da produção de lavanda, intimamente relacionada à implantação de perfumarias no sul da França, sobretudo na Provença – onde atualmente se encontram as melhores espécies.

Os séculos de uso não alteraram o charme e a elegância dessa planta majestosa, que permanece como um dos elementos-chave da indústria de perfumes moderna. Os campos de diversas cidades da França meridional ficam inteiramente cobertos do roxo-azulado da lavanda que, mais do que um símbolo, é a própria alma da Provença.

É importante conhecer a diferença entre a lavanda e o lavandim, pois muita gente faz confusão entre essas duas matérias-primas. Apesar do nome semelhante, o lavandim (*Lavandula hibrida* ou *Lavandula intermedia*) é um híbrido do cruzamento da lavanda verdadeira (*Lavandula officinalis* ou *Lavandula angustifolia*) com a lavanda (*Latifolia*). O lavandim possui um aroma semelhante ao da lavanda, mas menos agradável e mais penetrante. Seu preço, em geral, é bem mais acessível, e é uma opção para a indústria cosmética usar no lugar da lavanda verdadeira, que é mais cara e possui propriedades mais terapêuticas.

NOME CIENTÍFICO
Lavandula officinalis.
Sinônimos: *Lavandula angustifolia, Lavandula vera.*

NOMES POPULARES
Alfazema, lavândula, nardo, espicanardo, alfazema inglesa, alfazema verdadeira.

ORIGEM
Europa.

PAÍSES PRODUTORES

As melhores espécies são encontradas na Provença, no sul da França. Também é cultivada em países do Leste Europeu (Bulgária, Rússia e Ucrânia), na Tasmânia e no Canadá.

MÉTODO DE EXTRAÇÃO DO ÓLEO ESSENCIAL

Destilação a vapor.

PRINCIPAIS CONSTITUINTES QUÍMICOS

Acetato de linalila, terpinenol-4, borneol, cânfora, ésteres, traços de cineol, cimeno, geraniol, nerol, pineno.

PROPRIEDADES MEDICINAIS

O óleo essencial de lavanda é refrescante e delicado, e possui propriedades antissépticas e sedativas. Além de funcionar como um ótimo antidepressivo, é um harmonizador dos humores. É também um excelente analgésico (alivia dores musculares) e descongestionante. Age sobre o sistema respiratório (brônquios e pulmões), sendo bastante eficiente no tratamento de gripes e tosses. Por conta das faculdades antissépticas, pode auxiliar no tratamento de cortes, erupções cutâneas, queimaduras, ferimentos e espinhas. Ademais, funciona como regulador de tensão (ajuda a baixar a pressão arterial) e é anticonvulsivo. É preciso ser parcimonioso no seu uso, pois estes óleos são muito concentrados.

INDICAÇÕES TERAPÊUTICAS

A lavanda é indicada em quadros de tensão, desequilíbrio emocional, hipertensão, depressão, insônia, problemas digestivos, gripes, resfriados e doenças respiratórias, queimaduras, cortes e outros problemas de pele e dores de cabeça.

AÇÕES PSICOLÓGICAS

A lavanda é um poderoso harmonizador dos ambientes, calmante e atua positivamente em estados de desequilíbrio nervoso. Equilíbrio é a palavra-chave aqui. Trata-se da capacidade de ser maleável, compreensivo, não apegado e de se manter íntegro, não importa quão forte o vento bata. A lavanda nos leva para o "caminho do meio", tanto no aspecto energético quanto no psicológico. Ela inspira paz, tranquilidade, afetividade, frescor.

MODOS DE UTILIZAÇÃO

ALCOOLATO: 50 g de flores secas em 1 litro de água. O local afetado deve ser suavemente friccionado com um pouco do líquido.

ÓLEO: algumas gotas sobre as têmporas e os pulsos para aliviar o cansaço. É necessário sempre fazer o teste de alergia antes.

BANHO: diluição do óleo essencial em álcool ou leite ou outro óleo carreador (1 colher de sopa para 5 gotas de óleo de lavanda). Esta mistura proporciona grande alívio na dor muscular decorrente da prática de exercícios e do aumento da tensão.

ÓLEO DE MASSAGEM: diluição de 2 gotas de óleo essencial em 25 ml de óleo carreador. Deve ser usado nos pés.

COMPRESSA: 1 gota de óleo essencial para 100 ml de água. Compressas de algodão com água e 1 gota de *Lavandula officinalis* sobre os olhos fechados podem ajudar a aliviar as tensões de um dia estressante.

ROOM SPRAY: a fórmula é apresentada na página seguinte.

Devem sempre ser utilizadas flores cultivadas sem agrotóxico.

SINERGIA

A lavanda é utilizada como base para diversas composições. Talvez seja o mais versátil dos aromas, o que o faz interagir bem em quase todas as sinergias possíveis.

Destaco as seguintes:

FLORAIS: óleos de rosa, gerânio e ylang-ylang.

CÍTRICOS: óleos de laranja, limão, bergamota e toranja.

OUTRAS COMBINAÇÕES: alecrim, manjerona, patchouli, sálvia esclareia, camomila, cedro, cravo-da-índia e árvore-do-chá.

AMBIENTES INDICADOS PARA ESTE AROMA

A lavanda é o melhor aroma para toda a casa e para todas as idades. É especialmente indicada para locais escuros, nos quais não bate sol, áreas abafadas e locais que carecem de equilíbrio. É muito indicada também para escritórios, lojas e pontos comerciais, pois cria uma boa sinergia entre patrões e funcionários e entre funcionários e clientes. Harmoniza o ambiente de quem está muito "para baixo" e também equilibra quem está muito acelerado. É o que constatei com o decorrer dos anos de prática.

PERSONALIDADES BENEFICIADAS

Pessoas com autoconfiança baixa, estressadas, que tensionam as partes do corpo facilmente, ou saudosas de entes queridos ou determinadas situações. Também é recomendado para pessoas que precisam lidar com o público ou exercer liderança sobre outras. Indicada para situações de medo, de desânimo e de negativismo. Ajuda a criar ambientes calmos e tranquilos.

FÓRMULA PARA *ROOM SPRAY*

8 ml de óleo de lavanda (*Lavandula officinalis*)
80 ml de álcool de cereais
20 ml de água filtrada – se possível alcalina
Validade: 1 ano

PRECAUÇÕES

Quando usada em demasia, age como excitante, podendo prejudicar o sono.

BERGAMOTA
UM RAIO DE SOL EM SUA VIDA

E continha simultaneamente calor; mas não um calor semelhante ao da bergamota, do cipreste ou do musgo, nem ao do jasmim ou do narciso, nem ao de um pequeno bosque de rosas ou de íris...

Patrick Süskind, *O perfume*

Poucas fragrâncias são tão vivas, alegres, refrescantes e desencadeiam uma sensação de bem-estar tão rapidamente quanto a da bergamota. Diferentemente da lavanda, que harmoniza, a bergamota eleva e ilumina.

Levemente adocicada, aromática, aguda e ligeiramente ácida, é um dos mais poderosos aromas cítricos. Ingrediente básico da *eau de cologne* (muito popular na Alemanha do século XIX) e da *eau de toilette*, a bergamota é utilizada na produção de chás, perfumes e também na preparação de pratos típicos das culinárias marroquina (*tajine*) e francesa (*bergamote de Nancy*).

Acredita-se que ela tenha surgido no Marrocos ou na Costa do Marfim e depois sido levada para a Itália, que é um dos principais centros de cultivo da planta até hoje. O seu nome, aliás, tem origem na cidade italiana de Bérgamo, na Lombardia, onde foi usada no combate de casos de febre, incluindo a malária. Muito cultivada na Calábria, é uma árvore pequena. O fruto tem a polpa ligeiramente esverdeada. O seu óleo essencial (matéria-prima de diversos perfumes e chamado de "maná dos deuses"

em alguns povoados do sul da Itália) é extraído da casca verde da fruta e é amarelo-dourado.

Além de luminosa, refrescante, expansiva e solar, a bergamota é um poderoso calmante, aliviando a ansiedade e inspirando mais fé no futuro. Por conta de suas diversas propriedades sedativas, auxilia também nos momentos de depressão, proporciona perspectiva, propicia momentos de maior comunicação e regula o sistema digestivo. Além disso, combate a oleosidade cutânea (faz parte da composição de xampus para cabelos oleosos e anticaspa).

NOME CIENTÍFICO
Citrus aurantium subsp. bergamia.

NOMES POPULARES
Bergamota, laranja-cravo, laranja-mimosa, mandarina, mexerica, mimosa, mixirica, tangerina, vergamota.

ORIGEM
A sua origem é controversa: para alguns, ela é originária do Marrocos; para outros, da Costa do Marfim. Outros ainda supõem que ela veio do Oriente e foi introduzida na Europa durante as Cruzadas; também existe a hipótese de que ela foi trazida das ilhas Canárias por Cristóvão Colombo.

PAÍSES PRODUTORES
É cultivada na Itália, na Costa do Marfim, no Marrocos, na Tunísia, na Argélia e no Brasil.

MÉTODO DE EXTRAÇÃO DO ÓLEO ESSENCIAL
Prensagem a frio da casca do fruto.

PRINCIPAIS CONSTITUINTES QUÍMICOS
Ácido ascórbico, ácido cítrico, bergaptina, hesperetina, hesperidina, limonina, naringina, nomilina, sinesetina, violaxantina.

PROPRIEDADES MEDICINAIS
Reduz inflamações e auxilia no combate a infecções (de todos os tipos, inclusive de pele, como psoríase e eczema), crises emocionais e insônia. A bergamota também ajuda a eliminar a celulite, além de proteger a pele contra rachaduras e fissuras. É um poderoso antisséptico, antibiótico, antiespasmódico e carminativo (ou seja, auxiliar na eliminação de gases), além de tônico estomacal. Trabalha como antidepressivo. Ainda pode ser utilizada como sedativo, pois possui propriedades cicatrizantes e expectorantes.

INDICAÇÕES TERAPÊUTICAS
A bergamota é excelente para o tratamento de quadros nos quais os ânimos precisem ser levantados, nos momentos de maior desânimo,

de perdas afetivas, e nos períodos de nervosismo, tristeza, medo, ansiedade, frustração e depressão. Indicada para ambientes carentes de alegria e/ou que precisem parecer mais abertos, como lojas sem janelas ou estandes de vendas fechados.

Também é utilizada para tratar certas dermatites. Além disso, auxilia na cura de problemas nas vias respiratórias, dores de garganta, febres, gripes, resfriados e tuberculose.

AÇÕES PSICOLÓGICAS
Traz a luz e a alegria, aumenta o bom humor e auxilia no combate à depressão. Ajuda no combate ao estresse e à apatia.

MODOS DE UTILIZAÇÃO
COSMÉTICO: cremes e máscaras para tratamento de acne e infecções da pele; xampus (limpa profundamente os fios de cabelos) e loções revigorantes (para fortalecer o couro cabeludo).
ÓLEO ESSENCIAL: aromatização de ambientes; banhos; óleos para massagem; óleo fixador de aromas; componente de águas-de-colônia e de perfumes.
POMADA ANTISSÉPTICA: limpeza e cicatrização de feridas e de arranhões.
ÓLEO DE MASSAGEM: diluição de 2 gotas de óleo essencial em 60 ml de óleo carreador. A mistura deve ser usada nos pés.
ROOM SPRAY: a fórmula é apresentada na página a seguir.

SINERGIA
Alfazema, flor de laranjeira, cedro, sândalo, jasmim, cipreste, gerânio, limão, camomila, zimbro, coentro e violeta.

AMBIENTES INDICADOS PARA ESTE AROMA
Com o óleo essencial de bergamota, o céu é o limite! Use-o na sala de jantar, na sala de estar, no escritório. Use-o também no quarto de uma pessoa depressiva, em locais com cores tristes, em locais sem janelas e em espaços extremamente modernos e frios.

PERSONALIDADES BENEFICIADAS

É indicado para pessoas extremamente mentais, que precisam falar ou se expressar melhor ou que tenham medo de se colocar, que queiram sair da apatia e da letargia; e para pessoas depressivas ou com medo de enfrentar o mundo, as mudanças ou situações difíceis.

FÓRMULA PARA *ROOM SPRAY*

5 ml de óleo de bergamota (*Citrus aurantium subsp. bergamia*)
75 ml de álcool de cereais
20 ml de água filtrada
Validade: 1 ano

PRECAUÇÕES

Este óleo essencial é fotossensibilizante, por isso pode manchar a pele ou irritá-la. Nunca exponha a pele ao sol logo após usá-lo.

CEDRO
PÉS NO CHÃO

Fils du rocher, nés de nous-même,
Sa main divine nous planta;
Nous sommes le vert diadème
Qu'aux sommets d'Éden il jeta.[1]
Alphonse de Lamartine, "Chœur des cèdres du Liban"

Símbolo de obstinação, força, longevidade e resistência, o cedro é um dos óleos essenciais mais antigos de que se tem notícia. Proveniente do Oriente Médio (pode ser encontrado no Líbano, na Síria e na Turquia), mas presente em praticamente todos os continentes (diferentes espécies de cedro), possui uma envolvente fragrância amadeirada, que revigora e abranda, convidando à calma e à reflexão. Lembra o perfil das pessoas que são chefes de empresas conscientes do seu papel e realizadores, guerreiros. São fortes, audaciosos, com os pés no chão. O seu aroma inspira o foco no objetivo almejado, na força aliada à diplomacia. Inspira, ainda, momentos de interiorização.

No Antigo Egito simbolizava a fertilidade e a força – o nome *cedrus* se origina do da palavra árabe *kedron*, que significa "poder" – e era utilizado na forma de incenso. O seu óleo essencial também era empregado no embalsamamento de corpos, e a sua madeira, na construção de sarcófagos, palácios, templos e embarcações. Com a expansão do Império Romano, nos séculos II a V d.C., a exploração das florestas de cedro se intensificou por conta da sua imperecibilidade e do seu poder de afastar insetos.

---
[1] Nascidos de nós mesmos, filhos da rocha/ Sua mão divina plantamos/ Somos o verde diadema/ Que nos picos do Éden ele jogou.

Por muito tempo, o cedro foi associado a cerimônias religiosas e ainda hoje é utilizado como incenso tradicional nos templos tibetanos. Também é utilizado como remédio pelos índios americanos, pelo poder cicatrizante e pelas excelentes propriedades dermatológicas. A essência do cedro favorece a circulação sanguínea e estimula a regeneração dos tecidos; ela auxilia no tratamento de doenças de pele e do couro cabeludo, além de ser um ótimo antisséptico. A cor de seu óleo é muito atraente (marrom avermelhado) e a sua árvore, de forma conífera, pode chegar a uma altura de 40 metros a 50 metros.

NOME CIENTÍFICO
Cedrus atlantica.

NOMES POPULARES
Cedro, cedro-rosa, cedro-vermelho, cedro-mogno, cedro-pardo, cedro-cheiroso, cedro-fêmea, cedro-amargo.

ORIGEM
Marrocos, Argélia, Líbano, Síria e Turquia.

PAÍSES PRODUTORES
Marrocos, Argélia, Estados Unidos, China, Índia e Paquistão.

MÉTODO DE EXTRAÇÃO DO ÓLEO ESSENCIAL
Destilação a vapor.

PRINCIPAIS CONSTITUINTES QUÍMICOS
Álcool sesquiterpênico, cetonas e hidrocarbonetos sesquiterpenos.

PROPRIEDADES MEDICINAIS
Diurético leve, expectorante, anticatarral, antisseborreico, linfático, calmante, adstringente, antiespasmódico, aperiente, febrífugo, tônico, vermífugo, cicatrizante.

INDICAÇÕES TERAPÊUTICAS
Cortes, diarreia, disenteria, doenças venéreas, espasmo, febre, feridas, infecção em machucado, orquite, úlcera, vermes.

AÇÕES PSICOLÓGICAS
O óleo do cedro nos permite lidar com as coisas materiais sem que nos encantemos muito com elas; ajuda a passar pelos momentos de turbulência e tirar proveito deles, reconhecendo-os não como desgraças, mas como solos próprios para plantar a semente do crescimento. O seu aroma ajuda a manter-se centrado, a divagar sem se deixar levar pela viagem, a se encantar sem se esquecer da obrigação a ser cumprida.

Ele nos faz enxergar com clareza; assim, nos comportarmos com firmeza em uma profissão ou em uma relação amorosa ou comercial, mantemos a retidão de caráter, enfrentamos as adversidades com coragem. O seu aroma amadeirado inspira força e integridade, com um toque ligeiramente espiritual e a capacidade de suportar experiências mais difíceis.

MODOS DE UTILIZAÇÃO
DECOCÇÃO DA CASCA: uso interno para diarreia, disenteria, febre, inapetência.
DECOCÇÃO DAS SEMENTES: uso interno como vermífugo e em doenças venéreas.
INFUSÃO DAS FLORES: antiespasmódico.
PÓ DA MADEIRA E ÓLEO DAS SEMENTES: uso local em úlceras e feridas.
ROOM SPRAY: a fórmula é apresentada na página a seguir.

SINERGIA
* Vetiver, sândalo, gerânio, cravo, lavanda, rosa, néroli, bergamota, mirra, sálvia esclareia, pimenta-negra.
* Coentro, olíbano, rosa, sândalo, vetiver, ylang-ylang, patchouli, limão taiti, gerânio.
* Gerânio, alecrim, sálvia esclareia, lavanda, néroli (flor de laranjeira), laranja, pau-rosa, sândalo, olíbano.

AMBIENTES INDICADOS PARA ESTE AROMA
Escritórios, escolas, locais de atendimento ao público, salas de leitura, salas de massagem, espaços de meditação, estúdios de som e escritórios ou lojas em que haja a necessidade de foco, pois ele ajuda a evitar a dispersão e a enfrentar as longas jornadas de trabalho.

PERSONALIDADES BENEFICIADAS
É indicado para pessoas que carecem de força mental, lucidez, foco, persistência; que são muito dispersas; e também para mulheres que buscam uma relação amorosa mais estável.

FÓRMULA PARA *ROOM SPRAY*
5 m*l* de óleo de cedro (*Cedrus atlantica*)
75 m*l* de álcool de cereais
20 m*l* de água filtrada
Validade: 1 ano

PRECAUÇÕES
Quando usado em excesso, o óleo essencial de cedro pode provocar sensação de rigidez, de falta de elasticidade e de falta de alegria.

GERÂNIO
O MELHOR AMIGO DA MULHER

Sabe espantar o tédio
Cortar cabelo e nadar no mar
Tédio não passa nem por perto,
é infinita, sensível, linda

Nando Reis, Marisa Monte e Jennifer Gomes, "Gerânio"

A tradição europeia considera o gerânio uma flor tipicamente feminina, não apenas pelas suas pétalas delicadas e aveludadas nas extremidades mas também pelo seu aroma ameno e floral (que lembra ligeiramente o da rosa, porém mais intenso e com um toque cítrico) e pela sensação de frescor e leveza que ele confere aos ambientes. Doce, alegre e relaxante, o gerânio é muito utilizado para ornamentar casas e jardins. É possível encontrar mais de setecentas espécies na natureza, e a composição do seu óleo essencial varia de acordo com o local de cultivo da planta. Originário da África, o gerânio possui propriedades antissépticas, antidepressivas e antibióticas e, já no século I d.C., o médico, farmacólogo e botânico grego Dioscórides fez menção a ele como planta medicinal.

O óleo essencial de gerânio é indicado para mulheres durante a menopausa ou em períodos de tensão pré-menstrual. Também indicado para as que estão saudosas dos amigos ou da família e que enfrentam momentos de irritação. O gerânio é apaziguador do feminino e simboliza a deusa mulher no íntimo do ser humano. Além disso, é benéfico para a pele (em casos de queimaduras e dermatites, já que apresenta faculdades anti-inflamatórias). Também é utilizado no tratamento para má circulação e dores de garganta e auxilia a recobrar o equilíbrio emocional, agindo contra depressão, ansiedade, estresse, irritabilidade, tensão, nervosismo, raiva, tristeza e insônia.

NOME CIENTÍFICO
Pelargonium graveolens.

NOMES POPULARES
Gerânio, malva-cheirosa.

ORIGEM
África.

PAÍSES PRODUTORES
França (ilha da Reunião), Madagáscar, Argélia, França, Espanha, Itália, Egito, Congo, Estados Unidos, China, Rússia, África Oriental (Quênia e Tanzânia).

MÉTODO DE EXTRAÇÃO DO ÓLEO ESSENCIAL
Destilação a vapor das flores.

PRINCIPAIS CONSTITUINTES QUÍMICOS
Citronelol, geraniol.

PROPRIEDADES MEDICINAIS
Analgésico, diurético, adstringente, hemostático. Auxilia no tratamento de problemas de circulação, hormonais, artrite e nevralgia. Age na cura de doenças de pele (acnes, assaduras, queimaduras) e é um excelente adstringente para todos os tipos de pele (equilibra a oleosidade), podendo ser empregado também em massagens. Ajuda a reduzir a retenção de líquido e, assim, a combater a celulite.

INDICAÇÕES TERAPÊUTICAS

Auxilia nos distúrbios hormonais femininos. Pode ser usado na aromatização ambiental em lojas femininas. Inspira segurança. Pode ser usado em banhos, massagens e compressas, e em inalações.

AÇÕES PSICOLÓGICAS

Sedativo e tônico do sistema nervoso. Eleva o astral e alivia o cansaço. Antidepressivo, é utilizado no tratamento de problemas emocionais, pois combate a tensão, a ansiedade, a frustração e a irritabilidade, colocando a mente em equilíbrio. Para mulheres, auxilia no alívio dos sintomas da tensão pré-menstrual e da menopausa. O óleo essencial de gerânio ajuda homens e mulheres na conexão com o feminino, com a sensibilidade, abranda o medo do envelhecimento, torna-os mais confiantes e auxilia nas comunicações de cunho mais íntimo.

MODOS DE UTILIZAÇÃO

DIFUSOR: 7 gotas do óleo essencial em água (na quantidade de acordo com tamanho do difusor).

MASSAGEM: 10 gotas do óleo essencial de gerânio em 30 m*l* de óleo vegetal.

COMPRESSA: para cólicas menstruais, 2 gotas do óleo essencial de gerânio em 500 m*l* de água quente.

ÓLEO DE MASSAGEM: diluição de 10 gotas de óleo essencial em 100 m*l* de óleo carreador. Deve ser usado no corpo.

BANHO: 5 gotas de óleo essencial em uma banheira.

ROOM SPRAY: a fórmula é apresentada na página seguinte.

SINERGIA

* Alfazema, bergamota, rosa, pau-rosa.
* Sândalo, patchouli, olíbano, limão, jasmim.
* Zimbro, árvore-do-chá (*tea tree*), benjoim, manjericão, pimenta-do-reino.

AMBIENTES INDICADOS PARA ESTE AROMA

Escritórios femininos (de advocacia, por exemplo) ou qualquer ambiente em que as mulheres estejam sob estresse; lojas de roupas ou calçados para mulheres com mais de 30 anos – a apreciação desta faixa etária é maior pelo aroma de gerânio. Indicado também para o quarto ou a sala de mulheres em geral, pois inspira autoconfiança. Ambientes de trabalho mistos, onde haja necessidade de reconhecimento do trabalho feminino.

PERSONALIDADES BENEFICIADAS
Mulheres sob forte tensão nervosa, desanimadas, sem rumo, depressivas, que busquem momentos de reflexão sobre o feminino. Muito útil para mudanças de vida, tanto para homens como para mulheres.

FÓRMULA PARA *ROOM SPRAY*
4 ml de óleo de gerânio (*Pelargonium graveolens*)
76 ml de álcool de cereais
20 ml de água filtrada
Validade: 1 ano

PRECAUÇÕES
Não é tóxico nem irritante.

SÂNDALO
SALVE O REI!

*And still the snowy Himalayas rise
In ancient majesty before our eyes,
Beyond the plains, above the pines,
While through the ever, never changing land
As silently as any native band
That moves at night, the Ganges Shines.[2]*

Nikolai Rimsky-Korsako, "Song of India"

O óleo essencial de sândalo, um dos mais envolventes e sedutores, é conhecido há mais de 4 mil anos. Falo dele com reverência diante de sua majestade.

A cor ambarada do sândalo inspira a sedução, o amor e o sexo em sintonia, o prazer e a alegria de estar em um momento a dois, no qual as carícias e a felicidade de estar com o outro predominam. O seu aroma pertence à noite e inspira intimidade. Suave, quente e amadeirado, ele traduz a alma do Oriente. O óleo essencial do sândalo, originalmente produzido na Índia, tem efeito ao mesmo tempo relaxante e estimulante. Inspira o espírito, a busca pelo não materializado, pelo sutil.

Extraído na fase adulta da árvore, o sândalo é sagrado na Índia, onde é empregado com finalidades religiosas e medicinais (é um dos principais constituintes do incenso queimado nos templos ou durante os cultos.

---

[2] E enquanto o nevado Himalia se eleva/ Em antiga majestade diante de nossos olhos/ Para além das planícies, acima dos pinheiros/ Através da terra que nunca, nunca muda/ Tão silenciosamente como qualquer banda nativa/ Que se move durante a noite, o Ganges brilha.

Produzido na China, em Taiwan e no Japão, o sândalo faz parte de cerimônias e rituais hinduístas, sendo o ingrediente principal do creme de embalsamamento utilizado nos templos dedicados à divindade Shiva. Nos ritos funerários, a sua função é ajudar a carregar a alma para a próxima vida.

Segundo a religião hindu, ele cresce nos jardins do céu, e por essa razão os portões dos templos e as estátuas dos deuses são entalhados nessa madeira, que não sofre a ação de cupins e outros insetos. A maioria dos hindus carrega na testa uma marca feita com pasta de sândalo, pois se prega que ela deixa o terceiro olho sempre aberto. A medicina ayurvédica o utiliza no tratamento da angústia, e o budismo postula que o seu perfume é capaz de conservar a atenção de uma pessoa durante a meditação. Para os hinduístas, ele nos aproxima da devoção.

O sândalo é indicado para quem deseja aflorar uma sensualidade amorosa, espiritual e não leviana e cujo objetivo é oferecer o melhor de si e se conectar com o cosmo. O sândalo é um altar para o espírito.

Além disso, ele possui muitas outras qualidades: é suavizante, denso, galante, atraente, *sexy*, profundo, prazeroso e exuberante. O sândalo suscita a aceitação, o não julgamento, a permissão e a generosidade.

O óleo essencial (extraído do tronco da árvore) é bactericida, antidepressivo, antisséptico, afrodisíaco, anti-inflamatório, adstringente e sedativo. Auxilia no tratamento de doenças respiratórias (bronquite e laringite) e no alívio de náusea e do mal-estar.

NOME CIENTÍFICO
Santalum album.

NOMES POPULARES
Sândalo, sândalo-branco, sândalo-indígena, *chandan* e *chandana* (sânscrito).

ORIGEM
Índia.

PAÍSES PRODUTORES
Índia, Nepal, Austrália e Estados Unidos (Havaí).

MÉTODO DE EXTRAÇÃO DO ÓLEO ESSENCIAL
Destilação a vapor. Apenas árvores com mais de 30 anos de idade são adequadas para a produção do óleo.

PRINCIPAIS CONSTITUINTES QUÍMICOS
Santalol, fusanol, santene, ácido santálico, teresantol, borneol.

PROPRIEDADES MEDICINAIS
O óleo do sândalo é usado em inalações para melhorar a fadiga e a tosse; expectorante, ele alivia crises de bronquite crônica ou congestão das vias nasais. É anti-inflamatório, diurético e antisséptico, agindo principalmente nas vias urinárias. Aplicado diretamente na parte exterior da garganta, ameniza as dores e a ardência na região. Também é adstringente e antibacteriano, empregado no tratamento de pele seca, acne, psoríase e eczema; funciona bem como repelente de insetos. Por sua ação estimulante das funções sexuais, é considerado um afrodisíaco.

INDICAÇÕES TERAPÊUTICAS
O sândalo produz um efeito refrescante na mente e no corpo, e o seu óleo essencial pode ser aplicado na testa (massagem) para que as suas propriedades calmantes atuem, aumentando o poder de meditação e de concentração. Possibilita o rejuvenescimento da pele e o brilho perfumado para os cabelos.

AÇÕES PSICOLÓGICAS

É recomendado em casos de insegurança. Clareia a mente e ajuda a encontrar o que é realmente necessário na vida. Alivia a depressão e o estresse com a sua docilidade, pois melhora os níveis de concentração e funciona como um bom ansiolítico, reduzindo a ansiedade. Inspira a aceitação e o perdão. Acredita-se que o uso aumenta a inteligência e a intuição.

MODOS DE UTILIZAÇÃO

POMADA: acne e problemas de pele, ou como curativo sobre cortes ou feridas.
BANHO: loções e óleos de massagem.
COSMÉTICO: xampus, condicionadores e máscaras de tratamento.
MASSAGEM: para relaxamento, ou como afrodisíaco.
ÓLEO DE MASSAGEM: diluição de 10 gotas de óleo essencial em 100 ml de óleo carreador. Deve ser usado no corpo.
BANHO: 5 gotas de óleo essencial em uma banheira.
ROOM SPRAY: a fórmula é apresentada na página a seguir.

SINERGIA

* Alfazema, rosa, ylang-ylang, gerânio, camomila.
* Patchouli, bergamota, olíbano, pimenta-do-reino, benjoim.
* Árvore-do-chá, zimbro, mirra, cipreste.

AMBIENTES INDICADOS PARA ESTE AROMA

É um aroma de múltiplos usos. Use a variedade sândalo Mysore no quarto, na sala de massagens, na sala de meditação. Também é indicado para ambientes sem charme, nos quais se pretende criar um clima de sabedoria e relaxamento. O sândalo reconforta. Pode ser colocado em qualquer ambiente no qual se queira expressar o prazer de viver e uma relação saudável com a sensualidade. Em sinergia com a pimenta-do-reino e a lavanda inglesa, é indicado para pontos comerciais masculinos.

PERSONALIDADES BENEFICIADAS

Pessoas frígidas, inseguras, sem fé, tensas, briguentas, duras, sem inteligência emocional, com valores rasos e com carências afetivas.

FÓRMULA PARA *ROOM SPRAY*
4 m*l* de óleo de sândalo (*Santalum album*)
76 m*l* de álcool de cereais
20 m*l* de água filtrada
Validade: 1 ano

PRECAUÇÕES
Por não ser tóxico, não possui muitas contraindicações; não é recomendado, contudo, para os quadros de inflamações dos rins.

ÁRVORE-DO-CHÁ
HORA DA LIMPEZA

Then, where not summer's distillation left,
A liquid prisoner pen in walls of glass,
Beauty's effect with beauty were bereft,
Nor it, nor no remembrance what it was
But flowers distilled, though they with winter meet,
Leese but their show; their substance still lives sweet.[3]

William Shakespeare, "Soneto 5"

A planta da árvore-do-chá, cujo aroma se assemelha ao do eucalipto, é tradicionalmente utilizada pelos aborígenes australianos (sobretudo pela tribo Bungawalbyn) para fazer cataplasmas com lama, pois possui propriedades curativas, antissépticas e bactericidas.

Ela foi revelada ao Ocidente em decorrência das expedições à Austrália feitas pelo capitão Cook, da Marinha Real Britânica, no século XVIII. Após ancorar o seu navio na baía de Botany, James Cook e sua tripulação se depararam com um terreno pantanoso no qual havia árvores com folhas aromáticas, as quais eles utilizaram no preparo de infusões.

No entanto, a popularização e a difusão da árvore-do-chá no Ocidente só ocorreram no século XX. Durante a Segunda Guerra Mundial (1939-1945), o seu óleo essencial foi muito usado no auxílio aos soldados feridos.

---

3   Então, os fluidos do estio não restaram/ Retidos nas paredes de vidro/ O belo rosto de sua beleza roubada/ Sem deixar resquícios nem lembranças do que fora/ Mas as flores destilaram, sobreviveram ao inverno/ Ressurgindo, renovadas, com o frescor de sua seiva.

Só muito recentemente ele se tornou objeto de pesquisa, mas hoje já se encontram diversos produtos dermatológicos e xampus à base do pequeno arbusto.

O nome científico do gênero botânico, *Melaleuca*, deriva do grego *melas* ("preto") e *leukos* ("branco") e se refere ao contraste entre as folhas escuras, quase pretas, e a impermeável casca branca da planta. Existem aproximadamente trezentas espécies de *Melaleuca*, as quais possuem praticamente os mesmos componentes e propriedades.

O óleo da árvore-do-chá combate a ação de fungos, bactérias e vírus e é um cicatrizante natural. Com forte poder expectorante, ele também alivia inflamações das vias respiratórias e auxilia no tratamento de gripes, resfriados e febres (já que estimula a transpiração). Além disso, é revigorante e estimulante do sistema imunológico. Assim, é um dos óleos essenciais mais versáteis que existem. Vale a pena tê-lo sempre em casa e no local de trabalho. É o óleo essencial que recomendo para a limpeza do ar.

NOME CIENTÍFICO
Melaleuca alternifolia.

NOMES POPULARES
Árvore-do-chá, *tea tree*.

ORIGEM
Austrália (Nova Gales do Sul).

PAÍS PRODUTOR
Austrália.

MÉTODO DE EXTRAÇÃO DO ÓLEO ESSENCIAL
Destilação a vapor das folhas e dos galhos.

PRINCIPAIS CONSTITUINTES QUÍMICOS
Terpineol, cineol, pinene, cimene.

PROPRIEDADES MEDICINAIS
É um excelente anti-inflamatório, antisséptico, antifúngico, antibacteriano e antivirótico. É indicado para o tratamento de doenças de pele (erupções cutâneas, ferimentos leves, caspa e acne), assaduras, dores, aftas e picadas de inseto. Auxilia no tratamento de problemas respiratórios (tosse, bronquite, asma, dor de garganta) e no combate a vírus (herpes, gripe, verruga, sarampo).

INDICAÇÕES TERAPÊUTICAS
Indicado para problemas respiratórios e infecções diversas na pele e infecções digestivas. Nos ambientes, renova, refresca, purifica e protege o ar (desinfeta), pois é fungicida, bactericida e germicida.

AÇÕES PSICOLÓGICAS
Revigorante, é indicado para quadros fóbicos.

MODOS DE UTILIZAÇÃO
GARGAREJO: 5 a 10 gotas em um copo com água morna.
INALAÇÃO: 8 gotas para 2 litros de água quente.
DESINFECÇÃO DE AMBIENTE: 5 gotas no aromatizador.
ROOM SPRAY: a fórmula é apresentada na página ao lado.

SINERGIA
- Menta e lavanda.
- Alfazema, gerânio, camomila, mirra.
- Limão, alecrim, manjerona, sálvia esclareia, pinho.
- Óleos de especiarias (noz-moscada, cravo-da-índia e canela).

AMBIENTES INDICADOS PARA ESTE AROMA
Em qualquer lugar da casa, especialmente ambientes úmidos. O seu aroma lembra o de remédio à base de ervas, por isso não é muito indicado para perfumar. Em sinergia com gerânio e lavanda, é ideal para *halls* e salas de espera e escritórios nos quais as janelas fiquem fechadas.

PERSONALIDADES BENEFICIADAS
É indicado para pessoas com debilidade física.

FÓRMULA PARA *ROOM SPRAY*
6 ml de óleo de árvore-do-chá (*Melaleuca alternifolia*)
74 ml de álcool de cereais
20 ml de água filtrada
Validade: 1 ano

PRECAUÇÕES
Quando usado sozinho na pele, pode causar irritação.

ALECRIM
O ORVALHO DO MAR

> Foi meu amor
> Que me disse assim
> Que a flor do campo é o alecrim.
>
> Cantiga infantil

Encontrado em toda a bacia do mar Mediterrâneo, o alecrim, que os romanos chamavam de *rosmarinus* ("orvalho do mar", em latim), possui um perfume agradável e ligeiramente canforado.

Em diversas sociedades antigas, era usado em festas religiosas e cerimônias nupciais e fúnebres. Ao alecrim, atribuía-se a capacidade de espantar espíritos (ramos da planta foram encontrados em uma sepultura do Antigo Egito, e entre os séculos XIII a XV ele foi muito utilizado na Europa como incenso) – e até hoje ele é utilizado em ritos espiritualistas de limpeza. Na Grécia Antiga, era comum colocar um galho de alecrim no cabelo ou atrás das orelhas para melhorar a concentração e a memória (ele atua como tônico do sistema nervoso). Durante a Idade Média e o Renascimento passou a ser usado com fins medicinais (combate às pestes).

Na cozinha, devido ao seu sabor forte e picante, é utilizado como tempero em diferentes pratos (carne de porco, de carneiro, etc.) e ainda possui ação digestiva.

Uma das histórias mais populares em torno da planta envolve a rainha Isabel da Hungria. Aos 72 anos, praticamente paralítica

e sofrendo de problemas nas articulações, ela recebeu de um monge a receita de uma solução rejuvenescedora à base de água e alecrim (a "água da Hungria"), que recuperou a sua saúde e a remoçou a tal ponto que o rei da Polônia chegou a pedi-la em casamento.

O alecrim tem propriedades antidepressivas e bactericidas. Ele ainda auxilia no tratamento de dores musculares, sonolência, fadiga, além de ser utilizado no combate à caspa e a outros problemas de pele (eczema, queda de cabelo). Também age contra a retenção de líquidos e contra dores menstruais.

NOME CIENTÍFICO
Rosmarinus officinalis.

NOMES POPULARES
Alecrim, alecrim-da-horta, alecrim-de-jardim, alecrim-de-cheiro, erva-da-graça.

ORIGEM
Bacia do Mediterrâneo.

PAÍSES PRODUTORES
Itália, Espanha, França, Tunísia, Marrocos.

MÉTODO DE EXTRAÇÃO DO ÓLEO ESSENCIAL
Destilação a vapor.

PRINCIPAIS CONSTITUINTES QUÍMICOS
Cineol, cânfora, borneol, canfeno, alfa-pineno, nopineno.

PROPRIEDADES MEDICINAIS
O alecrim age no combate a problemas capilares (caspa, queda de cabelos, oleosidade) e de pele (eczema, acne e dermatite); diarreia e flatulência; obesidade; dores musculares (reumatismo, artrite, articulações); doenças arteriais e do aparelho circulatório (varizes e

má circulação); enfermidades nas vias respiratórias (bronquite, asma, sinusite, tosses).

INDICAÇÕES TERAPÊUTICAS

É antisséptico, estimulante digestivo, antiespasmódico, adstringente, antioxidante, refrescante e relaxante. Auxilia no combate a gases e age contra a debilidade cardíaca. Ainda atenua a dor de cabeça e a enxaqueca e reduz a fadiga mental e o estresse.

AÇÕES PSICOLÓGICAS

Atua positivamente no sistema nervoso, melhorando a memória. Traz força de vontade, ajuda a exorcizar lembranças ruins, inspira a movimentação rápida e a comunicação clara. Recomendado para as situações de insegurança e em momentos de cansaço mental ou físico.

MODOS DE UTILIZAÇÃO

MASSAGEM: 2 gotas para 1 colher de sopa de base de óleo vegetal.
COMPRESSA: de 5 a 8 gotas em um recipiente com água morna; deve ser embebida uma toalha na mistura e aplicada sobre a área afetada. O procedimento deve ser repetido de forma a manter a área sempre coberta e aquecida.
BANHO: de 4 a 6 gotas em uma banheira com água morna. Em caso de pele sensível, o óleo deve ser diluído com uma colher de chá de óleo vegetal.
INALAÇÃO: de 3 a 5 gotas em um recipiente com 3 litros de água fervente.
AROMATIZAÇÃO: algumas gotas de óleo essencial em um borrifador com água. Em aromatizadores com vela, devem ser colocadas 1 colher de sopa de água morna e algumas gotas do óleo; para manter o nível da água, deve-se completar com água morna.
ROOM SPRAY: a fórmula é apresentada na página a seguir.

SINERGIA

* Olíbano, petitgrain, manjericão, tomilho, bergamota.
* Lavanda, menta, pinho, cedro, cipreste.
* Óleos de especiarias (canela, cravo-da-índia, gengibre, pimenta-do-reino).

AMBIENTES INDICADOS PARA ESTE AROMA

Em ambientes como salas de estudos, escritórios, estabelecimentos comerciais, agências de publicidade, pode ser usado puro ou em sinergia com olíbano (especialmente em livrarias) ou em sinergia com cedro e cipreste (principalmente em *shoppings* com má circulação de ar). Em sinergia com cedro, cipreste e lavanda, tem boa ação em locais de trabalho onde haja pessoas dinâmicas, que gostem de estar atualizadas e trabalhem muito.

PERSONALIDADES BENEFICIADAS

Pessoas apáticas, cansadas, sobrecarregadas, deprimidas, sem iniciativa (que não tenham coragem de executar, de mudar a vida), com dificuldades de memória e de aprendizado.

FÓRMULA PARA *ROOM SPRAY*

3 ml de óleo de alecrim (*Rosmarinus officinalis*)
77 ml de álcool de cereais
20 ml de água filtrada
Validade: 1 ano

PRECAUÇÕES

Pode ocasionar irritação cutânea. Possui aroma forte e incisivo. Deve ser usado com parcimônia.

YLANG-YLANG
JOVIALIDADE, ATRAÇÃO, SEDUÇÃO E FERTILIDADE

Na tua cama espalhei as pétalas.
No ar, o aroma antecedia a sua chegada.
A. M.

O seu aroma floral ligeiramente doce, envolvente, nos inspira a viver momentos de prazer criativo e a sermos menos controladores.

A "flor das flores" (*ylang-ylang* em tagalo, língua falada nas Filipinas) é utilizada há séculos pelas populações das ilhas do Pacífico. O seu óleo é um poderoso afrodisíaco, e em algumas culturas costuma-se cobrir o leito dos recém-casados com as flores da planta para que a noite de núpcias seja bem-sucedida. Já nas ilhas Seychelles, no nordeste de Madagáscar, as mulheres impregnam os cabelos com uma pomada feita à base de óleo de coco e ylang--ylang para seduzir os homens. O perfume do ylang-ylang é suave, semelhante ao do narciso, e as suas flores variam do amarelo ao malva-rosado. O perfume inspira uma ligeira euforia, associada ao relaxamento e ao prazer. As mulheres em geral o recebem muito bem. A faixa etária de 15 a 30 anos encontra nele um reflexo da própria energia da juventude. Os termos que definem esse aroma são contentamento, despertar criativo, flexibilidade e prazer.

Ele é utilizado como antidepressivo e no tratamento de tensão, estresse e insônia; quando usado com extrema parcimônia, ajuda na falta de memória e no controle ao nervosismo. Possui propriedades assépticas e age no sistema circulatório, estabilizando variações na frequência cardíaca

e ajudando a reduzir a pressão alta. Além disso, diminui a oleosidade da pele (acne, eczemas). Também pode ser utilizado como tônico capilar, pois favorece o crescimento dos cabelos.

NOME CIENTÍFICO
Cananga odorata.

NOMES POPULARES
Ylang-ylang, árvore-perfume, cananga-do-japão, flor-da-ressureição, lírio-misterioso, gengibre-pavão.

ORIGEM
Índia, Indonésia, Malásia e Filipinas.

PAÍSES PRODUTORES
Indonésia, Filipinas, ilha da Reunião, Comores e Madagáscar.

MÉTODO DE EXTRAÇÃO DO ÓLEO ESSENCIAL
Destilação a vapor das flores.

PRINCIPAIS CONSTITUINTES QUÍMICOS
Acetona, ácido acético, ácido benzoico, álcool benzil, ácido salicílico, ácido valérico, benzaldeído, cadineno, canangina, creosol, éter-metil-eugenol, eugenol, furfural, heptanal, isoeugenol, isosafrole, l-linalol, nerol, safrole, sesquiterpenos, terpenos.

PROPRIEDADES MEDICINAIS
É indicado em caso de infecção intestinal, pressão alta, respiração acelerada e ritmo cardíaco elevado. É eficaz para o estímulo do crescimento capilar.

INDICAÇÕES TERAPÊUTICAS
O ylang-ylang é analgésico, antioxidante, aromático, calmante, emoliente, estimulante do sistema linfático, regulador das glândulas sebáceas, relaxante e umectante.

AÇÕES PSICOLÓGICAS

O óleo essencial de ylang-ylang é, acima de tudo, um antidepressivo e tranquilizante, mas também um afrodisíaco. É utilizado para combater a ansiedade, a tensão, o choque, o medo e o pânico. Por conta dessas suas propriedades afrodisíacas, é muito usado no tratamento da impotência e da frigidez. O ylang-ylang inspira coragem, decisão amorosa, entrega e, assim, ajuda na relação a dois. Ele suscita uma doce sensualidade, sedução e ajuda a ter "jogo de cintura" com um toque de atrevimento. É a famosa flor que adorna os cabelos da moças no Taiti – um exemplo está nas obras do pintor francês Paul Gauguin. É um convite ao sexo alegre, feliz, solto.

MODOS DE UTILIZAÇÃO

ÓLEO DE MASSAGEM: diluição de 2 gotas de óleo essencial em 20 ml de óleo carreador de sua preferência. Deve ser usado nos pés.
BANHO: 4 gotas de óleo essencial em uma banheira ou no chuveiro.
ROOM SPRAY: a fórmula é apresentada na página ao lado.

SINERGIA

* Alfazema, jasmim, sândalo, camomila, bergamota, rosa e pau-rosa.
* Patchouli e olíbano.
* Limão e bergamota.

AMBIENTES INDICADOS PARA ESTE AROMA

Quartos e salas, ambientes comerciais femininos, joalherias, lojas de roupas e de calçados femininos, consultórios ginecológicos, clínicas de inseminação artificial. Ambientes onde o clima seja sensual, porém não obscuro. É um aroma ligado à fertilidade, ao prazer, às alegrias a dois, a ritos de passagem.

PERSONALIDADES BENEFICIADAS

Moças que têm vergonha do seu corpo e da sua aparência. Ele inspira autoconfiança no jogo do amor, sensualidade e doação.

FÓRMULA PARA *ROOM SPRAY*
4 ml de óleo de ylang-ylang (*Cananga odorata*)
76 ml de álcool de cereais
20 ml de água filtrada
Validade: 1 ano

PRECAUÇÕES
Se usado em excesso, o aroma de ylang-ylang pode se tornar enjoativo.

ROSA
MAJESTADE E ELEGÂNCIA

On est bien peu de choses
Et mon amie la rose me l'a dit ce matin
"A l'aurore je suis née, baptisée de rosée
Je me suis épanouie
Heureuse et amoureuse
Au rayon du soleil
Je me suis fermée la nuit
Me suis reveillée vieille
Pourtant j'étais trés belle
Oui j'étais la plus belle
Des fleurs de ton jardin".[4]

Françoise Hardy, "Mon amie la rose"

Símbolo da efemeridade da beleza e da fragilidade da vida, a rosa – "a mais bela das flores do seu jardim", como diz a célebre música de Françoise Hardy – está presente em inúmeras culturas e foi objeto de praticamente todas as artes (pintura, arquitetura, poesia, etc.). Ela é sutil e discreta, mas envolvente e intensa, e o seu perfume delicado combina elegância com exuberância. Há centenas de anos, a rosa adorna salas de palácios reais, altares religiosos, jardins ingleses, buquês de noivas e, claro, as nossas casas com o seu charme aristocrático e o seu estilo que nunca sai de moda.

....
4   Somos tão pouca coisa/ E minha amiga, a rosa, disse-me isto esta manhã/ "Com a aurora nasci, batizada com orvalho/ Floresci/ Feliz e amorosa/ Sob os raios do sol/ À noite me recolhi/ Despertei envelhecida/ No entanto, era tão bela/ Sim, eu era a mais bela/ Das flores do teu jardim".

O óleo essencial de rosa, um dos mais antigos de que se tem notícia, é usado para sensibilizar, curar tristezas, afastar mágoas e, principalmente, confortar em situações abusivas, que podem ser as mais diversas – um colega ou chefe que usa palavras duras ou injustas a toda hora no escritório, um parceiro que se expresse grosseiramente... enfim, abusos que gerem ansiedade.

O seu aroma traz à tona sentimentos elevados, de entendimento, com um lado dócil, ternos e menos sensuais; contudo, quando em excesso, pode provocar tristeza. Ele desperta o amor e está intimamente ligado à aceitação e ao entendimento mais profundos. Esse óleo essencial se associa ao poder do feminino – um poder romântico e afetuoso que nos remete aos braços de nossas avós, a um ombro amigo, leal, distinto e nobre.

Além disso, por possuir propriedades regeneradoras, ele hidrata e tonifica a pele. Também é um excelente antisséptico e adstringente, podendo ser empregado no tratamento de diversas enfermidades, como angina, inflamação da gengiva, estomatite, amigdalite e problemas intestinais, assim como em gargarejos e inalações.

Se pensarmos mais amplamente em termos de relações abusivas, a própria sobrevivência nos grandes centros é abusiva, com o seu corre-corre, o modo de vida, a poluição, razões pelas quais o uso deste óleo essencial ajuda a apaziguar a emoção, trazendo uma calma leve, que apara as arestas emocionais.

NOME CIENTÍFICO
Rosa centifolia.

NOMES POPULARES
Rosa, rosa-de-toucar, rosa marroquina.

ORIGEM
Marrocos, Bulgária, Turquia e França.

PAÍSES PRODUTORES
Marrocos, Bulgária, Turquia, França e Colômbia.

MÉTODO DE EXTRAÇÃO DO ÓLEO ESSENCIAL
Destilação a vapor das flores.

PRINCIPAIS CONSTITUINTES QUÍMICOS
Citronelol, geraniol, farnesol, nerol (alcoóis), gerânio (ácido), mirceno (terpeno).

PROPRIEDADES MEDICINAIS
É bastante eficaz no tratamento de problemas intestinais (prisão de ventre), urinários e respiratórios (asmas, bronquites, tosses) e de retenção de líquido. O óleo essencial de rosa é apaziguador do estômago e possui propriedades antissépticas. Excelente hidratante, é bastante recomendado para o tratamento de pele ressecada. Além disso, é um precioso remédio para a conjuntivite. Ele ainda estimula o funcionamento do fígado e favorece o sistema circulatório, sendo indicado no tratamento de doenças cardiovasculares (palpitação, arritmia e pressão alta).

INDICAÇÕES TERAPÊUTICAS
O óleo essencial de rosa é antiespasmódico, anti-inflamatório, sedativo, antisséptico, antidepressivo, bactericida, diurético e depurativo.

AÇÕES PSICOLÓGICAS
Possui efeito de melhora do desânimo, ajuda nos momentos de desequilíbrio emocional e é um leve calmante, sendo especialmente útil nas situações de depressão, abuso, raiva, injustiças, luto, medo, tensão e estresse. Quando em sinergia com os óleos essenciais de camomila e de mandarina, ajuda a atenuar o peso dos ambientes e as relações abusivas.

MODOS DE UTILIZAÇÃO
ÓLEO DE MASSAGEM: diluição de 4 gotas de óleo essencial em 40 ml de óleo carreador. Deve ser usado no corpo.
COMPRESSA: 2 gotas de óleo essencial para 100 ml de água. Deve ser embebido um algodão na solução e colocado sobre os olhos fechados, para relaxamento.
BANHO: 5 gotas de óleo essencial em uma banheira.
ROOM SPRAY: a fórmula é apresentada na página ao lado.

SINERGIA
O óleo essencial de rosa combina com praticamente todos os óleos essenciais, mas possui uma sinergia especial com os óleos de bergamota, camomila, citronela, cipreste, gerânio, jasmim, lavanda, limão, mandarina, mirra, hortelã-pimenta, patchouli e ylang-ylang.

RINITE ALÉRGICA: rosa, árvore-do-chá e alfazema.
PELE RESSECADA: rosa, camomila e sândalo.
DEPRESSÃO E TRISTEZA: rosa, olíbano e camomila no difusor, 1 gota de cada.

AMBIENTES INDICADOS PARA ESTE AROMA
Estabelecimentos comerciais femininos de estilo mais tradicional (se utilizado sozinho, pois seu aroma é, digamos, *old style* em termos

de associação do aroma > ambiente). Mesclado com os aromas de bergamota, gerânio, lavanda, mandarina e patchouli, ganha jovialidade a confere ao ambiente um ar moderno. Ou seja, é um aroma versátil, que se transforma conforme a sinergia, tornando-se moderno ou antigo, estreitando ou alargando a ligação com o passado. Pode ser usado em lojas de vestido de noivas e de vestidos longos para festas, casas de chá, salas de vestir, ou qualquer ambiente em que se queiram inspirar experiências prazerosas, afetivas, delicadas e amorosas. É o aroma que simboliza o amor na maioria dos povos. Para um clima de romance, experimente, porém não abuse. O óleo essencial de rosa é caríssimo, mas vale cada centavo.

PERSONALIDADES BENEFICIADAS
Pessoas sonhadoras, românticas, que desejam expressar o amor universal. E aquelas que anseiam por perdoar, entender mais profundamente a origem do desequilíbrio humano.

FÓRMULA PARA *ROOM SPRAY*
3 ml de óleo de rosa (*Rosa centifolia*)
77 ml de álcool de cereais
20 ml de água filtrada
Validade: 1 ano

PRECAUÇÕES
Quando usado em excesso, pode provocar tristeza, falta de ânimo e apatia.

PATCHOULI
A FORÇA QUE MUDA O MUNDO

> Muitas vezes basta ser: colo que acolhe, braço que envolve, palavra que conforta, silêncio que respeita, alegria que contagia, lágrima que corre, olhar que acaricia, desejo que sacia, amor que promove. E isso não é coisa de outros mundos, é o que dá sentido à vida.
>
> Cora Coralina

Popular entre os *hippies* e outras tribos (por quem era usado para disfarçar o cheiro da cânabis) no final dos anos 1960 e durante a década de 1970, o patchouli, cujo aroma amadeirado e quente lembra o da terra, marcou toda uma geração e passou a ser associado a estilos alternativos de vida. No entanto, ele já havia sido bastante popular na Inglaterra vitoriana, quando era usado em sachês e *pot-pourris* para perfumar ambientes (o seu aroma é muito forte e duradouro e permanece no ar muito tempo depois de ser aspergido).

O nome patchouli significa "folha verde" em tâmil, língua dravídica falada no sul da Índia e em outros países do Sudeste Asiático e da África, regiões nas quais a erva era tradicionalmente utilizada para perfumar tecidos e xales de caxemira, aumentando, assim, o valor desses produtos. Originário do Sudeste Asiático (Filipinas, Malásia, China e Indonésia), o patchouli é cultivado também na América do Sul (Paraguai).

O seu óleo essencial, cuja fragrância é marcadamente sensual, é extraído das folhas da planta por meio da destilação a vapor. Envolvente e lúbrico, é amplamente conhecido por suas propriedades afrodisíacas – foi por conta delas que a planta se tornou conhecida sobretudo nos anos 1960, tendo-se espalhado pelo mundo inteiro desde então –, possuindo também muitas qualidades cosméticas e medicinais.

O óleo essencial de patchouli ainda tem propriedades antissépticas e é um potente regenerador celular, ótimo no combate ao envelhecimento da pele. Na medicina tradicional chinesa, é frequentemente empregado no tratamento de problemas gástricos e digestivos (gastroenterite e gripe intestinal). A indústria de cosméticos e perfumaria também o utiliza bastante, sobretudo como nota de fundo de perfumes.

Ele emana calor e uma forte masculinidade no ambiente – a sua fragrância tem algo de paternal, protetor e nos faz sentir confortáveis. Os homens em geral recebem muito bem este aroma.

NOME CIENTÍFICO
Pogostemon cablin.

NOMES POPULARES
Patchouli, patexuli, oriza.

ORIGEM
Indonésia e sudoeste da Ásia.

PAÍSES PRODUTORES
Indonésia, China, Malásia e Paraguai.

MÉTODO DE EXTRAÇÃO DO ÓLEO ESSENCIAL
Destilação a vapor das folhas.

PRINCIPAIS CONSTITUINTES QUÍMICOS
Patchoulol, alfa-bulneseno, alfa-guaieno, gama-patchouleno.

PROPRIEDADES MEDICINAIS
Possui faculdades antissépticas, descongestionantes, antibióticas, adstringentes, anti-inflamatórias, antifúngicas e bactericidas.
É indicado no tratamento de celulite; problemas cutâneos como acne, eczema, oleosidade e envelhecimento da pele; retenção de líquidos; gripes e resfriados; dermatites, infecções fúngicas e cutâneas.

INDICAÇÕES TERAPÊUTICAS
É indicado para pessoas com problemas gastrointestinais, dores (espasmos musculares, dor de cabeça, cólicas), agitação, irritabilidade, insônia, estresse crônico, ansiedade. Possuindo propriedades cicatrizantes, o óleo de patchouli favorece o tratamento de peles ásperas, envelhecidas e feridas.

AÇÕES PSICOLÓGICAS
Age sobre o sistema nervoso como calmante e antiestressante. É utilizado em casos de depressão, ansiedade e cansaço, falta de interesse e apatia (sobretudo sexual). É também antidepressivo.

MODOS DE UTILIZAÇÃO
É usado principalmente em sachês.
ÓLEO DE MASSAGEM: 5 gotas de óleo essencial em 50 mℓ de óleo carreador.
BANHO: 4 gotas de óleo essencial em uma banheira.
ROOM SPRAY: a fórmula é apresentada na página a seguir.

SINERGIA
* Rosa, gerânio, bergamota, néroli, ylang-ylang e limão.
* Sândalo, sálvia esclareia, cravo-da-índia, cedro e alfazema.

AMBIENTES INDICADOS PARA ESTE AROMA
Quando em sinergia com notas de saída cítricas, funciona bem em *halls* de hotel, salas de estar, quartos e ambientes frios. É um bom

aromatizador para casas de *show*. Quando em sinergia com óleo essencial de bergamota, itens cítricos e ylang-ylang, cria um clima de intimidade, sendo recomendado para ambientes domésticos ou onde haja a intenção de se criar tal intimidade com o público.

PERSONALIDADES BENEFICIADAS

Excelente regulador, ajuda bastante na estabilização do humor, auxiliando tanto pessoas agitadas ou estressadas quanto pessoas ansiosas, cansadas ou deprimidas.

FÓRMULA PARA ROOM SPRAY

7 ml de óleo de patchouli (*Pogostemon cablin*)
73 ml de álcool de cereais
20 ml de água filtrada
Validade: 1 ano

PRECAUÇÕES

Não use na pele (óleo de massagem). Deve ser preferencialmente utilizado em ambientes.

CAMOMILA
O COLO DA MÃE

> Tudo vale a pena quando a alma não é pequena.
>
> Fernando Pessoa, "Mar português"

A camomila, uma flor suave e extremamente delicada, é, sem dúvida, uma das ervas medicinais mais populares do mundo, graças às suas inúmeras propriedades curativas. Ela é comumente utilizada em chás e infusões como sedativo ou calmante. As diversas variedades da planta – das quais as mais conhecidas são a camomila-romana, a camomila-dos-alemães e a matricária – são utilizadas com essas finalidades há muitos séculos.

Os egípcios a consideravam uma flor sagrada e a ofereciam ao deus Sol; além disso, usavam-na para tratar febres e inflamações, por conta das suas qualidades antissépticas e bactericidas. Diz-se até que ela foi usada no embalsamento dos faraós. Na Grécia, era abundantemente encontrada nos campos e se distinguia pelo seu aroma particular. Uma das suas variedades, a matricária, deve o seu nome ao fato de ser utilizada na atenuação de dores caracteristicamente femininas (do latim *mater*, "mãe", ou talvez *matrix*, isto é, "útero").

Este óleo inspira conforto e funciona muito bem em magazines de roupa de cama, em sinergia com a lavanda. Quando estamos debilitados por doenças, mesmo que seja uma gripe ou resfriado, sentir o aroma da camomila já nos faz sentir mais acolhidos e seguros.

Brando e apaziguador, o óleo essencial da camomila (extraído principalmente da corola da flor, mas também das hastes e de outras partes) é um dos poucos que podem ser aplicados em crianças sem risco de irritação. Assim, é popularmente usado para acalmar bebês irritadiços que sofrem de cólicas, dores de ouvido ou diarreia. Ademais, por ser calmante, funciona como relaxante corporal e mental, agindo contra a ansiedade e o estresse. Também possui virtudes anti-inflamatórias e, por isso, é indicado para tratar dores musculares diversas, câimbra, reumatismo e enxaqueca. É igualmente aconselhado para o tratamento de problemas cutâneos (acne, eczema, pele seca, furúnculo, espinha, psoríase, pele sensível e reações alérgicas) e digestivos (irritações, gastrite, indigestão, náusea e flatulência). Também indicado para combater a tensão pré-menstrual e as cólicas menstruais. A camomila ainda alivia alguns problemas oculares (vista cansada e conjuntivite) e é um ótimo tônico capilar.

NOME CIENTÍFICO
Chamaemelum nobile.

NOMES POPULARES
Camomila, camomila-de-paris, macela, mançanila.

ORIGEM
Europa central.

PAÍSES PRODUTORES
Bélgica, Inglaterra, Itália, França e Argentina.

MÉTODO DE EXTRAÇÃO DO ÓLEO ESSENCIAL
Destilação a vapor.

PRINCIPAIS CONSTITUINTES QUÍMICOS
Ácido tíglico, bisabolol, sesquiterpenos, furfural, flavonoides, camazuleno, ácido antêmico, atesterol, antemena, taninos.

PROPRIEDADES MEDICINAIS

A camomila é amplamente empregada na indústria farmacêutica, de cosméticos e alimentícia, e útil no tratamento de úlceras gástricas e gastrites e de problemas digestivos (falta de apetite, náusea, vômito, flatulência, espasmos gastrointestinais). Também é utilizada como ansiolítico (pois auxilia no tratamento da insônia) e anti-inflamatório (devido à sua qualidade cicatrizante). Por ser antibacteriana e antifúngica, aconselha-se o seu uso no tratamento de afecções inflamatórias e irritações na pele. A camomila pode ser aplicada em crianças e bebês (é usada para aliviar dores na gengiva causadas pelo nascimento dos dentes, dores de ouvido e cólicas intestinais). Ainda proporciona alívio a outros tipos de dor (de cabeça, de ouvido, de dente, musculares, cólicas menstruais) e auxilia em quadros de bronquite e febre alta.

INDICAÇÕES TERAPÊUTICAS

A camomila é anti-inflamatória, analgésica, antiespasmódica, carminativa, antisséptica, digestiva, sudorífica, antirreumática e emenagoga (estimulante da menstruação).

AÇÕES PSICOLÓGICAS

A camomila oferece colo, aconchego, leveza, aliviando o estresse e auxiliando no combate à depressão. Também é indicada quando estamos muito tensos ou ansiosos por causa de problemas afetivos.

MODOS DE UTILIZAÇÃO

CHÁ.
ÓLEO DE MASSAGEM: 2 gotas de óleo essencial em 25 ml de óleo carreador. Deve ser usado nos pés.
COMPRESSA: 1 gota de óleo essencial para 100 ml de água. Deve ser embebido um algodão na solução e colocado sobre os olhos fechados.
BANHO: 5 gotas de óleo essencial em uma banheira.
ROOM SPRAY: a fórmula é apresentada na página ao lado.

SINERGIA
* Lavanda, ylang-ylang e sálvia esclareia.
* Bergamota, rosa, néroli e gerânio.
* Patchouli, limão, manjericão, sândalo e alecrim.

AMBIENTES INDICADOS PARA ESTE AROMA
Diversos ambientes se beneficiam com o leve aroma da camomila: lojas infantis (quando em sinergia com cítricos), hospitais, antessalas de consultórios e de laboratórios de exames clínicos, salas de ioga (em sinergia com canela, como sugestão), escolas infantis (acima de 4 anos). Em sinergia com lavanda, pode ser usado em *spas*, casas de banho e ambientes nos quais seja preciso acalmar a energia.

PERSONALIDADES BENEFICIADAS
É indicado para pessoas tensas, irritadas ou nervosas, ou em situações de medo, histeria ou exaustão; pessoas que perderam entes queridos, tristes e desconectadas com o divino. A camomila facilita a cooperação e o trabalho em grupo.

FÓRMULA PARA *ROOM SPRAY*
5 ml de óleo de camomila (*Anthemis nobilis*)
75 ml de álcool de cereais
20 ml de água filtrada
Validade: 1 ano

PRECAUÇÕES
Apesar de possuir pouquíssimas contraindicações, é recomendável que se evite a sua utilização durante os primeiros meses de gravidez.
É possível que algumas pessoas sejam sensíveis e desenvolvam irritações na pele (dermatites de contato).

CRAVO
SENSUALIDADE
NA PITADA CERTA

O perfume de cravo enchia o quarto, um calor vinha do corpo de Gabriela, envolvia Nacib, queimava-lhe a pele, o luar morria na cama. Num sussurro entre beijos a voz de Gabriela agonizava:
– Moço bonito...

Jorge Amado, *Gabriela, cravo e canela*

Originário do arquipélago de Molucas, no oceano Índico, o cravo é um bactericida e antisséptico com amplo espectro de ação, sendo bastante cobiçado desde a Antiguidade por seus poderes curativos. Na China, durante a dinastia Han (206 a.C.-220 d.C.), era utilizado como tempero e antisséptico bucal (diz-se que um súdito chinês que solicitasse uma audiência com o imperador deveria mascar cravo para dissipar o mau hálito).

Na Europa, onde foi introduzido pelos árabes no século IV, era utilizado no combate a diversas epidemias já no século VIII, tendo se popularizado rapidamente. Desde muito cedo também foi empregado na culinária como condimento. De fato, mais tarde, junto com outras especiarias, como a noz-moscada e a canela, motivou as viagens de navegadores europeus (holandeses, franceses e portugueses) ao continente asiático com o intuito de obter o monopólio desses condimentos.

A palavra *clavus*, que deu origem ao nome da especiaria, vem do latim e significa "prego", em referência ao formato do botão da flor do craveiro.

Detentor de um aroma forte e picante e um sabor ligeiramente amargo, o cravo é um componente importante em diversos produtos alimentícios, farmacêuticos e cosméticos.

O seu aroma inspira simpatia e auxilia quando a memória está debilitada – por essa razão, gosto de ter notas de cravo em fórmulas para ambientes onde os bons serviços, como a rapidez de informações, são exigidos pelo público. Nada mais desagradável do que fazer compras em uma loja onde você não se sente bem-recebido. Em sinergia com ylang-ylang e lavandim, exala um aroma delicioso para os ambientes de sala de atendimento.

Ele é usado em consultórios dentários para o combate a diversos problemas bucais (cárie, afta, dores e outras afecções). Também possui virtudes digestivas, auxiliando no tratamento de gastrites e problemas intestinais. Além disso, estimula o apetite e é um excelente cicatrizante, afrodisíaco e repelente de insetos.

NOME CIENTÍFICO
Eugenia caryophyllata.

NOMES POPULARES
Cravo, cravo-da-índia.

ORIGEM
Indonésia e ilhas Molucas (oceano Índico).

PAÍSES PRODUTORES
Antilhas, Indonésia, ilhas Molucas, Zanzibar, Madagáscar, Filipinas, Índia, Java e Tanzânia.

MÉTODO DE EXTRAÇÃO DO ÓLEO ESSENCIAL
Destilação a vapor dos botões da flor, das folhas ou dos talos e troncos.

PRINCIPAIS CONSTITUINTES QUÍMICOS
Cariofileno (sesquiterpeno), eugenol (fenol), furfurol (aldeído), salicitato de metila (éster), pineno (terpeno).

PROPRIEDADES MEDICINAIS
Graças ao seu enorme poder antisséptico, o cravo age no combate a diversos tipos de infecção, desde bacterianas e virais respiratórias (angina, faringite, bronquite aguda ou crônica e sinusites), até urinárias (cistite) e intestinais. Além disso, pode ser útil no tratamento de inúmeras afecções bucais; de cólera e malária; de problemas digestivos; de artrite e reumatismo; de micose; e de astenia sexual.

INDICAÇÕES TERAPÊUTICAS
É indicado no tratamento de infecções dentárias, amigdalites, hepatites virais, disenteria. Também é analgésico, antiespasmódico, carminativo, antisséptico, anestésico, bactericida, antifúngico, digestivo, repelente, estimulante da memória e afrodisíaco. No esoterismo, é indicado para limpeza de ambientes.

AÇÕES PSICOLÓGICAS
É indicado em casos de cansaço físico ou intelectual, pois, como estimulante, favorece a concentração e a motivação.

MODOS DE UTILIZAÇÃO
CUIDADOS BUCAIS E DENTÁRIOS: o óleo essencial em loções ou antissépticos bucais (de 1 a 3 gotas).
OUTROS USOS: de 1 a 5 gotas em um óleo vegetal fluido (girassol, amêndoa) para massagem (coluna vertebral e pernas).
Também pode ser incorporado em cremes ou espumas de banho.
ROOM SPRAY: a fórmula é apresentada na página a seguir.

SINERGIA
* Limão, laranja, noz-moscada, toranja, rosa, manjericão, bergamota e erva-cidreira.
* Manjericão, canela, citronela, limão, noz-moscada, laranja, hortelã-pimenta, alecrim, rosa, pimenta-negra.
* Canela e laranja, para a cozinha e a sala de almoço.

AMBIENTES INDICADOS PARA ESTE AROMA

Salas de espera e ambientes de atendimento ao público, em sinergia com outros óleos essenciais como lavandim, bergamota, capim-santo e baunilha. Na cozinha, o aroma do cravo misturado ao de laranja-amarga fica divino! Se somarmos a essa dupla o aroma da canela, teremos o Brasil na sua essência! Funciona também na área de serviço, na garagem e no escritório, pois aguça a memória. Em sinergia com o aroma de toranja, pode ser usado em áreas da casa ou do escritório nas quais se requeiram concentração e energia física.

PERSONALIDADES BENEFICIADAS

Pessoas com dificuldade de concentração e com perda de memória. Como se trata de um aroma quente, também evoca uma sensualidade envolvente.

FÓRMULA PARA *ROOM SPRAY*

1 ml de óleo de cravo (*Eugenia caryophyllata*)
79 ml de álcool de cereais
20 ml de água filtrada
Validade: 1 ano

PRECAUÇÕES

Se utilizado em dosagem incorreta, pode ocasionar irritação da pele, sobretudo das mucosas.

CANELA
A DOCE MALÍCIA

Essa menina-mulher da pele preta, | os olhos azuis, do sorriso branco. | Não está me deixando dormir sossegado. Será que ela não sabe que eu fico acordado? | Pensando nela todo dia, toda hora | passando pela minha janela todo dia, toda hora | sabendo que eu fico a olhar | com malícia. A sua pele preta | com malícia...
Seus olhos azuis | com malícia...
Seu sorriso branco | com malícia...
Seu corpo todo, enfim | com malícia...

Jorge Ben Jor, "Menina mulher da pele preta"

Sinônimo de exotismo e luxo na Antiguidade, a canela é hoje, sem sombra de dúvidas, uma das especiarias mais populares em todo o mundo. Com o seu aroma quente e levemente ácido, foi inicialmente utilizada como perfume e como incenso e só mais tarde passou a ser empregada na culinária e na medicina.

Com a chegada dos portugueses às Índias, foi levada à Europa e, a partir daí, difundiu-se pelo planeta. No continente europeu, era uma das especiarias mais procuradas, e o seu comércio, extremamente vantajoso (um punhado de canela equivalia a dez gramas de ouro).

O nome científico da planta é controverso: alguns estudiosos acreditam que *Cinnamomum* provenha do vocábulo indonésio *kayu manis*, que significa "madeira doce"; outros pesquisadores, entretanto, postulam que essa designação vem da palavra grega *kinnamon*, que significa "tubo", alusão ao formato da casca da planta. Eu acredito mais na origem grega.

Para os gregos, aliás, ela representava sabedoria e saúde, e por volta de 500 a.C. Hipócrates realçava a sua importância medicinal (o óleo da casca da caneleira tem elevado poder antisséptico e aquece e facilita a circulação sanguínea).

Nos ambientes frios, de *design* cartesiano, ou de cores frias, um aroma com notas de canela ao fundo ajuda a trazer mais humanidade ao espaço, mais calor humano, mais emoção. Assim, o peso somente mental e impessoal se transforma e proporciona mais conforto afetivo.

Atualmente, a canela é mais utilizada no campo da culinária (aromatização e tempero de alimentos), mas também nas indústrias farmacêutica e cosmética (perfumes, cremes e sabonetes).

O seu óleo essencial (extraído da casca ou das folhas da planta) é um ótimo bactericida, além de poderoso antisséptico e antiviral. Por isso, é recomendado em casos de gripe, resfriado e inflamação das vias respiratórias. Também pode ser útil no combate a enfermidades das vias urinárias e do sistema digestivo. É altamente aconselhado para tratar problemas ginecológicos, sobretudo irregularidade no ciclo menstrual. Ademais, por ser estimulante e afrodisíaco, é indicado para homens que sofrem de impotência sexual.

NOME CIENTÍFICO
Cinnamomum zeylanicum.

NOMES POPULARES
Canela, canela-da-índia, canela-de-cheiro, canela-de-ceilão, cinamomo, pau-canela, canela-em-pau.

ORIGEM
Sri Lanka, Birmânia, Índia.

PAÍSES PRODUTORES
Sri Lanka, Índia, Madagáscar, ilhas Comores e Seychelles.

MÉTODO DE EXTRAÇÃO DO ÓLEO ESSENCIAL
Destilação a vapor das folhas e dos ramos.

PRINCIPAIS CONSTITUINTES QUÍMICOS
Acetato de eugenol, ácido cinâmico, açúcares, aldeído benzênico, aldeído cinâmico, aldeído cumínico, benzonato de benzil, cimeno, cineol, elegeno, eugenol, felandreno, furol, goma, linalol, metilacetona, mucilagem, oxalato de cálcio, pineno, resina, sacarose, tanino e vanilina.

PROPRIEDADES MEDICINAIS
Favorece a digestão e auxilia a dissipar a flatulência. Possui propriedades tônicas e antiespasmódicas, atenuando dores abdominais (espasmos estomacais e intestinais, além de cólicas). Age como estimulante do útero e do músculo cardíaco. O óleo de canela ainda é indicado no tratamento de problemas e afecções do sistema respiratório (gripe, resfriado, tosse), pois reforça as defesas naturais do organismo. Por apresentar qualidades anestésicas, proporciona alívio a certas dores (sobretudo se utilizado localmente, na forma de emplastro). Também auxilia no controle do diabetes. Por apresentar qualidades anti-infecciosas, é eficaz na cura de doenças gástricas e urinárias.

INDICAÇÕES TERAPÊUTICAS
Auxilia no controle da hipertensão, pois é tônico e vasodilatador. Também é adstringente, afrodisíaco, antisséptico, carminativo, digestivo, anti-infeccioso, bactericida, antifúngico, estimulante e sedativo.

AÇÕES PSICOLÓGICAS
A canela aquece o coração e a alma. É bastante recomendada em casos de depressão nervosa e cansaço extremo, pois o seu calor gera energia. Ela confere bem-estar físico e emocional. Além disso, auxilia na dispersão de sentimentos e na superação de emoções negativas, aplacando a ansiedade.

MODOS DE UTILIZAÇÃO
DESCONGESTIONAMENTO DAS VIAS RESPIRATÓRIAS: deve-se aquecer um recipiente com 1 bastão de canela e água, para inalação.

COMBATE AO CANSAÇO: 1 gota de óleo essencial de canela, 1 gota de basilicão e 1 gota de hortelã-pimenta e cravo, no difusor por 10 minutos.
ROOM SPRAY: a fórmula é apresentada abaixo.

SINERGIA
* Limão, laranja, cravo, noz-moscada, toranja, rosa, manjericão, bergamota e erva-cidreira.
* Cravo-da-índia, noz-moscada, ylang-ylang, tangerina, laranja, limão, toranja, rosa, manjericão, bergamota, cravo, cardamomo e gerânio.

AMBIENTES INDICADOS PARA ESTE AROMA
Ambientes com decoração fria, cozinha, escritório, área de serviço, sala de estar, *family room*, sala de jantar. Ideal para as temporadas mais frias, ou coleções de inverno, assim como cafeterias e lojas de material para culinária – neste caso, em sinergia com o basilicão e o cravo. Lojas de mármores ou venda de pedras brutas.

PERSONALIDADES BENEFICIADAS
Pessoas frias, com problemas de relacionamento e sexuais; pessoas que se sentem fracas, medrosas; pessoas solitárias e com tendência ao isolamento.

FÓRMULA PARA *ROOM SPRAY*
1 ml de óleo de canela (*Cinnamomum zeylanicum*)
0,2 ml de óleo de sálvia esclareia (*Salvia esclarea*)
0,3 ml de óleo de limão siciliano (*Citrus lemon*)
78,5 ml de álcool de cereais
20 ml de água filtrada
Validade: 1 ano

PRECAUÇÕES
Se utilizada de forma ou em dosagem incorretas, pode ocasionar irritações na pele. Por isso, para massagem, é necessário diluir o óleo de canela em um óleo vegetal (azeite de oliva, óleo de amêndoas e óleo de semente de uva são boas sugestões).

LARANJA
O CAMINHO DO MEIO

E se quiser saber
Para onde eu vou
Para onde tenha sol
É pra lá que eu vou

Jota Quest, "O sol"

Originária da Ásia e trazida ao Ocidente pelos portugueses no século XVI, a laranja se irradiou rapidamente pela Europa e hoje é cultivada em boa parte dos países banhados pelo mar Mediterrâneo e ao redor do mundo.

Elegante, majestosa e imponente, a laranjeira possui flores delicadas e frutos suculentos, e é possível extrair óleos essenciais de praticamente todas as partes da árvore: das flores (néroli), das folhas e dos ramos da laranja-amarga (*petitgrain*) e da casca dos frutos.

As propriedades medicinais da laranja só começaram a ser exploradas séculos depois da sua chegada em solo europeu, pois a fruta era muito cara. O seu óleo essencial, cujo aroma é doce, é indicado para alívio da tensão nervosa, mas o aspecto que gosto de trabalhar com ele é a autoconfiança: em dias de muita competividade, é muito útil para os ambientes de trabalho, estudo e para a vida pessoal por estimular mais atitude, energia, concentração e habilidade de permitir que as más experiências passem, ajudando a descartar o que não tem mais sentido carregar, o que geralmente impossibilita o caminhar para o sucesso.

Além disso, auxilia no tratamento de problemas gástricos (flatulência, cólica e espasmo intestinal), reforça o sistema imunológico, sendo eficaz contra tosse, gripe e resfriado, e estimula o apetite. Também é um ótimo tônico epidérmico, promovendo a circulação linfática e a desintoxicação da pele. Por sua qualidade adstringente, é utilizado na indústria cosmética em cremes antirrugas e anticelulites.

A difusão do óleo essencial de laranja (extraído da casca do fruto) em um ambiente cria uma atmosfera quente e acolhedora que propicia paz e auxilia a recobrar o equilíbrio.

O Brasil é um dos grandes produtores de laranja; assim, é possível encontrar aqui óleos essenciais de laranja-doce e laranja-amarga por um bom preço.

NOME CIENTÍFICO
Citrus aurantium.

NOMES POPULARES
Laranja, laranja-doce, laranja-caipira, essência-de-portugal.

ORIGEM
Ásia (China).

PAÍSES PRODUTORES
Argélia, Brasil, China, Estados Unidos, França, Israel, Itália, Marrocos e Tunísia.

MÉTODO DE EXTRAÇÃO DO ÓLEO ESSENCIAL
Prensagem a frio da casca do fruto.

PRINCIPAIS CONSTITUINTES QUÍMICOS
D-limoneno, n-decílico aldeído, linalol, terpineol, b-carotino, citral, limoneno, perminol, geraniol.

PROPRIEDADES MEDICINAIS

Diurético, atua no tratamento da prisão de ventre e outros problemas intestinais, além de auxiliar na redução da taxa de colesterol. É recomendado em casos de diarreia e outros problemas gástricos (flatulência). Abre o apetite e alivia dores musculares. Ansiolítico, é um poderoso antidepressivo e calmante. Ademais, é bastante utilizado na indústria cosmética e farmacêutica contra problemas cutâneos, estrias e celulite, pois atua no sistema linfático, equilibra os fluidos do corpo, amacia e hidrata a pele.

INDICAÇÕES TERAPÊUTICAS

É antisséptico, sedativo, carminativo, tônico digestivo, calmante e antidepressivo.

AÇÕES PSICOLÓGICAS

Auxilia em casos de ansiedade, de insegurança, de falta de visão clara da essência verdadeira do ser. Graças à sua qualidade calmante, ajuda a combater a insônia. Também é um ótimo antidepressivo, pois ajuda a recobrar o ânimo e a dissipar a apatia e a falta de iniciativa.

MODOS DE UTILIZAÇÃO

BANHO: 2 gotas do óleo essencial de laranja misturadas com óleos essenciais de lavanda (2 gotas) e sândalo (2 gotas) em argila e leite em pó ou no óleo carreador. A mistura deve ser agitada antes de adicionada ao banho.

Room spray: a fórmula é apresentada na página a seguir.

Misturas com óleo essencial da laranja nunca devem ser usadas diretamente na pele, pois é uma matéria-prima fotossensibilizante.

SINERGIA

Manjericão, bergamota, pimenta-negra, canela, cravo, gerânio, olíbano, limão, sândalo, ylang-ylang, néroli e óleos cítricos.

AMBIENTES INDICADOS PARA ESTE AROMA

Por ser um aroma "solar", que infunde alegria entre outras coisas, funciona bem em locais de trabalho e de vendas, locais que precisam manter o alto-astral e facilitar a interação entre todos; também é indicado para a terceira fase da vida, como casas de repouso e clubes para idosos. Adequado a salas de reunião e outros lugares nos quais as pessoas exponham ideias. Museus e galerias se beneficiam da sua utilização em sinergia com o óleo de sândalo, de bergamota, de olíbano e de cedro, principalmente se os seus interiores forem muito frios.

PERSONALIDADES BENEFICIADAS

Pessoas "travadas" (auxilia no pensamento lúdico); pessoas intelectuais, muito mentais, que têm dificuldade de se soltar; personalidades sem conexão com a sua criança interior e com o verdadeiro eu, falta de conexão com o poder interno.

FÓRMULA PARA *ROOM SPRAY*

3 ml de óleo de laranja (*Citrus aurantium*)
77 ml de álcool de cereais
20 ml de água filtrada
Validade: 1 ano

PRECAUÇÕES

Se utilizado em demasia na pele, o óleo essencial de laranja pode causar irritação. Como ele é fotossensibilizante, não exponha a pele ao sol após usá-lo, ou você poderá sofrer manchas e queimaduras.

Posfácio

Os aromas são parte integrante de nossa vida, nos circundam, nos rodeiam e, às vezes, nos invadem. Conhecê-los um pouco mais a fundo, descobrir suas peculiaridades, saber extrair o melhor de suas propriedades medicinais é, sem sombra de dúvida, investir na qualidade de vida.

Durante muitos anos, o meu dia a dia na bancada com os perfumes ambientais me ensinou muita coisa sobre cada um deles, e os vejo como amigos, como uma grande farmácia das emoções e dos sentidos. Conseguem limpar o ar, conseguem aumentar as vendas, conseguem dar alívio nos momentos mais estressantes, equilibram e geram autoconfiança. Iluminam e expandem as nossas vidas nas melhores das direções.

Com este livro, procurei auxiliar tanto os comerciantes que pretendem incrementar e melhorar os seus pontos de venda e ambientes de trabalho quanto as pessoas que gostam de ter a sua casa perfumada. Além disso, quis fornecer aos interessados em aromaterapia elementos para que possam se aprimorar e construir ambientes mais saudáveis, indo ao encontro deste mundo perfumado.

No começo deste livro, eu lhe fiz um convite: aprender a compreender os ritmos, as cadências e os movimentos que cada fragrância encerra. Neste final de percurso, gostaria de incentivá-lo a não parar por aqui, a continuar nesse movimento que o contato com os óleos essenciais e as essências desencadeou. Muito obrigada pela sua companhia!

APÊNDICE
Pequeno glossário aromático

Água desmineralizada. Trata-se de água que passou por um processo de purificação pelo qual foram removidos o cálcio, o ferro, o magnésio e outros minerais. Em geral, a água desmineralizada é usada para fins cosméticos (produção de xampus, perfumes, cremes, aromatizadores ambientais, hidratantes, etc.).

Álcool de cereais. O álcool de cereais, ou álcool hidratado, é uma solução etílica geralmente extraída do milho. É frequentemente utilizado em produtos da indústria de cosméticos (perfumes, tinturas, cremes) *room sprays* e homeopáticos.

Famílias olfativas. Para tornar mais fácil a escolha de uma fragrância, os perfumes normalmente são divididos no que se convencionou chamar de famílias olfativas. Em geral, elas são compostas pelos: cítricos (laranja, bergamota, limão); florais (rosas, jasmim, *muguet*); frescos (notas verdes e algumas madeiras, cumarina); chipres (carvalho, patchouli); amadeirados (pinho, sândalo); orientais (baunilha, canela); couros (odor da fumaça, de madeira queimada, cedro, tabaco).

Fita olfativa. Pequena tira de papel absorvente usada para experimentar perfumes.

Máquina aspersora. Aparelho que asperge o aroma no ar por meio de microgotas.

Nota alta (ou nota de cabeça). Nota aromática que possui a volatilização mais rápida entre todas (por ser muito mais leve, evapora-se mais velozmente). Normalmente, é o odor da nota alta que se sente inicialmente, o qual dura de alguns minutos até duas horas. Entre as fragrâncias mais frequentes desse tipo estão a lavanda e a bergamota.

Nota de fundo (ou nota de base). Nota aromática que faz o perfume durar. Apresenta velocidade de volatilização mais lenta (dura aproximadamente oito horas) e normalmente é empregada como fixador na composição de uma fragrância. Um exemplo de nota de fundo é o sândalo.

Nota mediana (nota média ou *note de cœur*). É o "coração" de um perfume. Passa a ser percebida assim que a nota mais alta começa a desaparecer. Dura de quinze minutos a quatro horas. São exemplos de nota desse tipo o jasmim, o *muguet*, a violeta e a magnólia.

Óleo carreador. Por serem extremamente fortes e concentrados, os óleos essenciais não podem ser diretamente aplicados sobre a pele. Sendo assim, é recomendável que sejam diluídos em outra substância para que possam ser aplicados no corpo. A essa substância na qual os óleos essenciais são diluídos dá-se o nome de carreador. Em geral, o óleo carreador é um óleo vegetal. Entre os carreadores mais comuns, estão os óleos de uva, de abacate, de nozes e de amêndoas.

Sinergia. No universo da aromaterapia, é comum misturar óleos essenciais para maximizar os efeitos terapêuticos de cada um. A essa mistura dá-se o nome de sinergia.

Volatilização. Ato ou efeito de volatilizar(-se). É a passagem de um corpo do estado líquido para o estado gasoso; vaporização.

BIBLIOGRAFIA

ARAÚJO, Alex Copetti de. *Fracionamento do óleo essencial de patchouli [Pogostemon cablin (Blanco) Benth] obtido por extração supercrítica*. Dissertação de Mestrado: Florianópolis, Universidade Federal de Santa Catarina, 2008.

COLA, Félix. *Le livre du parfumeur*. Paris: Éditions du Layet, 1931.

CORAZZA, Sonia. *Aromacologia*. São Paulo: Editora Senac São Paulo, 2004.

DAVIS, Patricia. *Aromaterapia*. São Paulo: Martins Fontes, 1996.

EARLE, Liz. *Vital Oils: the Ultimate Guide to Radiant Beauty and Health*. Nova York: Vermillion, 2002.

GENNARI COOKSLEY, Valerie. *Aromatherapy: a Lifetime Guide to Healing with Essential Oils*. s/l.: Prentice Hall PTR, 1996.

HIGLEY, Alan; HIGLEY, Connie & LEATHAM, Pat. *Aromatheraphy A-Z*. Chicago: Hay House Incorporated, 2001.

KEVILLE, Kathi & GREEN, Mindy. *Aromatherapy: a Complete Guide to the Healing*. Berkley: Art Library of Congress, 1995.

LAVERY, Sheila. *Aromaterapia: guia prático*. São Paulo: Avatar, 1997.

LOVENOU-MELKI, Nathalie. *L'univers du parfum: l'histoire des odeurs*. Paris: Éditions Ouest-France, 2005.

LAWLESS, Julia. *The Illustrated Encyclopedia of Essential Oils*. Nova York: Element Books, 1995.

MOJAY, Gabriel. *Aromatherapy for the Healing the Sprit: Restoring Emotional and Mental Balance with Essential Oils*. Nova York: Healing Arts Press, 1992.

M'HIRIT, Omar. *Le cèdre de l'Atlas: mémoire du temps*. Casablanca: Madraga, 2006.

POUY, Jean-Bernard. *Perfume, a Global History: from the Origins to Today*. Chicago: Somogy Art Publishers, 2008.

SILVA, Adão Roberto da. *Tudo sobre aromaterapia*. São Paulo: Roca Medicina, 2000.

TISSERAND, Robert. *A arte da aromaterapia*. São Paulo: Roca Medicina, 1993.

WORWOOD, Valerie Ann. *The Fragrant Mind: Aromatherapy for Personality, Mind, Mood and Emotion*. Nova York: New World Library, 1996.

Fontes de consulta

ANTAFIRMA (www.les-aromagies.net). Acesso em 21-8-2013.

AROMA-ZONE (www.aroma-zone.com). Acesso em 21-8-2013.

COMORES VANILLE ET PLANTES (www.comores-online.com) . Acesso em 21-8-2013.

COSMETIQUE (www.cosmetique.org). Acesso em 21-8-2013.

HÉVÉA (www.labo-hevea.com). Acesso em 21-8-2013.

HUILES ESSENTIELLES.PRO (www.huiles-essentielles.pro). Acesso em 21-8-2013

INFO-MASSAGE.COM (www.info-massage.com). Acesso em 21-8-2013.

INSTITUTO AGRONÔMICO (IAC) (www.iac.sp.gov.br). Acesso em 21-8-2013.

JARDIM DAS FLORES (www.jardimdeflores.com.br). Acesso em 21-8-2013.

LES PLANTES MÉDICINALES (www.les-plantes-medicinales.net). Acesso em 21-8-2013.

MA SANTÉ NATURELLE.COM (www.masantenaturelle.com). Acesso em 21-8-2013.

MUSÉE DE LA LAVANDE (www.ardechelavandes.com). Acesso em 21-8-2013.

NUTRIÇÃO EM FOCO (www.nutricaoemfoco.com.br). Acesso em 21-8-2013.

ÓLEOS ESSENCIAIS.ORG (www.oleosessenciais.org). Acesso em 21-8-2013.

QVIDAS ÓLEOS ESSENCIAIS (www.qvidas.com.br). Acesso em 15-03-2013.

VIDA FLORAL(www.vidafloral.com.br). Acesso em 21-8-2013.

Créditos das fotos:

p. 33: Musée du Louvre; **p. 33:** British Museum; **p. 35:** Museo Nazionale Romano; **p. 37:** disponível em http://leplus.nouvelobs.com/contribution/574403-en-2012-la-peste-n-a-toujours-pas-disparu.html (acesso em 19-8-2013); **p. 38:** Castello di Issogne; **p. 41:** Musée d'Orsay; **pp. 96, 108, 112, 130, 138, 150, 154, 162 e 164:** Veer/Stock Photos; **p. 98:** © EWa Dacko; **p. 104:** © John Olsson; **p. 103:** Latinstock/© Carol Sharp/http://www.flowerphotos.com/Eye Ubiquitous/Corbis/Corbis (DC); **p. 110:** disponível em http://commons.wikimedia.org (acesso em 13-9-2013); **p. 114:** © Christian Steiniger; **p. 118:** Latinstock/© Douglas Peebles/Corbis/Corbis (DC); **p. 120:** disponível em http://commons.wikimedia.org (acesso em 13-9-2013); **p. 124:** Latinstock/© Scientifica/Visuals Unlimited/Corbis/Corbis (DC); **p. 128:** © Kirsten Ruehl; **p. 134:** Latinstock/© Luca Tettoni/Corbis/Corbis (DC); p. 136: © Paul Pasieczny; **p.142:** © Ali Taylor; **p.144:** Latinstock/© Carol Sharp/http://www.flowerphotos.com/Eye Ubiquitous/Corbis/Corbis (DC); **p. 147:** © photl.com; **p. 150:** © Ulf Hinze; **p. 156:** © Tijmen van Dobbenburgh; **p. 160:** © abcdz2000; **p. 166:** © Andreas Krappweis.

Índice

Agradecimentos, 11
Alecrim: o orvalho do mar, 129
Apêndice Pequeno glossário aromático, 171
Aromatização de ambientes domésticos, 53
    Áreas externas (fórmula para *room spray*), 63
        Jardim ou quintal, 63
    Banheiro, 60
        Banheira, 61
        Banho de chuveiro, 61
        Ofurô, 61
    Casa de campo (fórmula para *room spray*), 57
    Casa de praia (fórmula para *room spray*), 57
    Como escolher o aroma apropriado?, 55
    Lavabo social (fórmula para *room spray*), 59
    Lavanderia (fórmula para *room spray*), 64
    Na cidade (fórmula para *room spray*), 58
    Quarto, 62
        Adolescentes (fórmula para *room spray*), 62
        Adolescentes e adultos (fórmula para *room spray*), 62
        Para dormir, 62
        Para estudar com afinco (fórmula para *room spray*), 62
    Casal romântico (fórmula para *room spray*), 63
    Crianças de 8 meses a 5 anos (fórmula para *room spray*), 62
    Recebendo os amigos (fórmula para *room spray*), 57
Sala para receber convidados (fórmula para *room spray*), 58
Aromatização de ambientes profissionais, 67
    Adolescentes, 70
    Adultos, 70
        Homens a partir de 30 anos (fórmula para *room spray*), 71
        Mulheres a partir de 30 anos (fórmula para *room spray*), 71
        Público GLS, 72
Consultórios em geral (fórmula para *room spray*), 74
    Lojas de comestíveis, 72
    Salas de espera de hospitais (fórmula para *room spray*), 73
    Universidades, livrarias, bibliotecas e salas de estudo (fórmula para *room spray*), 73
Árvore-do-chá: hora da limpeza, 123
Bergamota: um raio de sol em sua vida, 102
Camomila: o colo da mãe, 149
Canela: a doce malícia, 159

Cedro: pés no chão, 107
Cravo: sensualidade na pitada certa, 155
Gerânio: o melhor amigo da mulher, 113
Introdução Reaprendendo a sentir, 13
Laranja: o caminho do meio, 165
Lavanda: a rainha de todos os aromas, 97
Nota do editor, 7
O caminho do aroma no corpo e na alma, 43
    Métodos de difusão, 47
        Aquecimento, 49
        Aspersão mecânica, 47
        Aspersão por ar-condicionado, 48
        Outros aparelhos de aspersão, 50
        Pot-pourri, 49
        Room spray, 48
        Sachês, 49
    O aroma e o estilo, 46
O marketing olfativo, 77
    Buscando a identidade olfativa, 84
    Fazendo o mapeamento, 85
    O *branding* emocional ou como atrair efidelizar clientes, 78
    O marketing olfativo: relatos, 90
Parte I – Os aromas e suas aplicações, 17
Parte II – As matérias-primas, 95
Patchouli: a força que muda o mundo, 145
Posfácio, 169
Quem é quem no mundo dos aromas, 19
    O que é aroma?, 19
    O que é fragrância?, 19
    O que é perfume?, 20
    O que são essências sintéticas?, 25
    O que são odorizantes?, 21
    O que são óleos essenciais?, 22
    Os tipos de nota, 26
Bibliografia, 173
    Fontes de consulta, 174
Rosa: majestade e elegância, 139
Sândalo: salve o Rei!, 117
Um pouco de história, 31
    A aromaterapia moderna, 40
Ylang-ylang: jovialidade, atração, sedução e fertilidade, 133